Vivre en harmonie

avec le

monde réel

Volume 3

Faire face à la perte et au deuil

Par

Gary Edward Gedall

Publié par

From
Words to Worlds

Lausanne, Suisse

www.fromwordstoworlds.com

ISBN 13 : 978-2-940535-82-8

Introduction

Cher lecteur,

Je n'ai jamais eu l'intention d'écrire un livre sur la perte et le deuil.

Au début de l'automne dernier (2020), j'étais sur le point de reprendre l'écriture de mon livre sur mon concept d'I.P., (Le Parent Intérieure), lorsque j'ai été frappé par l'urgence d'écrire ce livre.

Nous avons tous été touchés, directement ou indirectement, par la pandémie de COVID et c'est devenu mon moyen de faire quelque chose pour aider.

En tant que thérapeute, j'ai développé au fil des ans un certain nombre d'idées et de techniques pour aider mes patients à se soigner.

Comme je venais juste de terminer le reconditionnement de mon "Approche zen de la vie moderne, vol. 1" et de le republier sous le titre "Vivre en harmonie avec le monde récl", il m'est venu à l'esprit que je pourrais continuer à utiliser un format similaire pour un troisième volume. (Le second est, maintenant republié).

Le concept de "vivre en harmonie avec le monde réel" que je suis sur le point de partager avec vous est tout sauf nouveau.

Il s'agit d'un concept qui existe depuis plusieurs milliers d'années, mais qui a rarement été expliqué simplement et clairement.

Cependant, je suis fermement convaincu que ce concept simple a une grande valeur, et qu'en en restant conscient, nous pouvons améliorer énormément notre vie quotidienne.

J'ai également choisi d'ajouter un certain nombre de "cartes" I.P. pour vous donner des outils supplémentaires qui vous permettront de travailler sur certains des thèmes que j'aborde.

Veuillez prendre le temps et l'énergie nécessaires pour voir s'ils peuvent vous être utiles. Il s'agit d'outils de développement personnel et de thérapie, et il faut s'y investir si l'on veut qu'ils soient utiles.

J'espère et j'ai confiance que ce livre et les idées qui le sous-tendent améliorent et enrichissent votre vie.

Il est clair que je ne peux traiter qu'un nombre et un type très limités de situations. Et vous risquez de vous sentir frustré, voire irrité par les exemples que je donne.

Pour cela, je m'excuse par avance, j'ai fait de mon mieux.

N'hésitez pas à m'écrire si vous avez des commentaires ou des réactions, et bien sûr, toute critique ou partage sur ce livre serait grandement apprécié.

Avec mes plus sincères salutations,

Gary Edward Gedall,

Lausanne,   Suisse   05   02   2021
gary.gedall@bluewin.ch

Par le même auteur

Aventures avec le maître

SOUVENIR

L'île de la sérénité, Pt 1 Destruction
(Série - publiée ou en préproduction)

Livre 1 **:**   **L'île de la survie**
Livre 2 :   **Soleil et pluie**
Livre 3 :   **L'île du plaisir (Vol 1)**
Livre 4 :   **L'île du plaisir (Vol 2)**
Livre 5 :   **L'ascension et la chute**
Livre 6 :   **L'île de l'Estime**
Livre 7 :   **The Faron Show**
Livre 8 :   **L'île de l'amour**

Non-fiction

Vivre en harmonie avec le monde réel

L'image de l'esprit :

Vol 1   Principes de base

Hypnose

Souvient

Hypnose Augmenté

Contenu

1. Introduction au concept "Vivre en harmonie

Vivre en harmonie avec le monde réel est un concept que j'ai développé pendant plusieurs années en tant que thérapeute. Comme pour la plupart des choses dans la vie, quelqu'un, quelque part, sous une forme ou une autre, a sûrement eu les mêmes idées ou des idées très similaires. Cependant, cette incarnation particulière est ma propre variation.

Ce n'est cependant pas le premier livre que j'écris sur ce concept. J'essaierai donc d'être succinct dans cette explication et je renvoie tout lecteur intéressé au volume 1 pour une explication plus approfondie.

Pour commencer, il est toujours utile de réfléchir aux termes que l'on envisage d'utiliser.

Qu'est-ce donc que l'harmonie ?

Le dictionnaire en ligne de Cambridge décrit l'harmonie comme "[...] la combinaison de parties séparées mais liées d'une manière qui utilise leurs similarités pour apporter l'unité [...]"[1]

.

Quelles sont donc les parties distinctes d'une personne qui peuvent, ou non, apporter l'unité ?

---

[1] Dictionnaire Cambridge "Harmony" https://dictionary.cambridge.org/dictionary/english/harmo ny consulté le 12 08 2020

Je dirais que chez les êtres humains, il y a une partie de nous qui crée une image "idéale" de la façon dont les choses devraient être - qu'il s'agisse d'une relation, d'un travail, d'un repas, de la productivité, d'un comportement ou d'une réparation.

Ces valeurs, cette morale, ces attentes, etc., ont été créées tout au long de notre vie et sont fondées sur les apports et expériences nombreux et variés avec lesquels nous avons été en contact depuis la petite enfance.

Elles englobent non seulement la manière dont nous attendons des autres qu'ils agissent et nous traitent, mais aussi qui et comment nous sommes censés être, comment nous devons interagir avec le monde extérieur et ce que nous attendons de nous-mêmes.

À l'extérieur, elles vont des attentes les plus modestes, telles que le goût d'un verre de lait, à la façon dont notre gouvernement devrait nous rapatrier si nous nous trouvions dans une zone de guerre.

À l'"intérieur", il s'agit des attentes concernant la fréquence à laquelle nous devons nous laver les dents, la façon dont nous nous sentons lorsque nous nous réveillons à 3 heures du matin, le temps que nous devons passer avec un ami en crise, et les types d'emplois et de partenaires que nous choisissons.

Cependant, les choses ne se passent pas toujours comme prévu.

Il y a plutôt la réalité de ce que sont les choses, ce que nous appelons simplement le "réel" : La réalité du lait qui n'a pas le goût qu'il devrait avoir, ou de l'absence de vols en partance de la zone de guerre ; la réalité d'être trop fatigué pour se laver les dents avant d'aller au lit ;

la réalité d'avoir une réunion d'affaires importante à 8 heures du matin et de manquer de patience envers l'amie qui vient de rompre avec son troisième petit ami cette année.

Ou peut-être que l'emploi parfait ou le compagnon dans lequel nous avons tant investi se transforme en plomb.

Si nous visualisons l'idéal comme une cible, l'œil de bœuf étant notre représentation parfaite de la façon dont les choses devraient être, la réalité serait symbolisée par une flèche.

Plus la flèche se pose près du centre, plus nos attentes sont proches de notre réalité.

Plus ils sont éloignés les uns des autres, plus nous risquons de nous sentir frustrés et déçus.

En bref, plus la distance entre la réalité des choses et notre vision idéale de ce qu'elles devraient être est grande, plus nous souffrons.

Ce qui est le plus intéressant, c'est que cette image a quelque chose à voir avec la signification essentielle du mot "péché".

Selon le site Blue Letter Bible, le sens originel et fondamental du terme " péché ", de sa racine hébraïque, Chata, חָטָא, se traduit par rater, comme rater la marque ou la cible : " rater, s'écarter de la marque, en parlant d'un archer ". [2]

Si nous nous concentrons pour l'instant sur la relation que nous entretenons avec nous-mêmes, nous pouvons nous dire que "nous péchons lorsque nos pensées et nos comportements réels sont loin de nos attentes idéales pour nous-mêmes. Plus les deux sont séparés, plus nous souffrons, plus nous péchons.

---

[2] Blue Letter Bible
https://www.blueletterbible.org/lang/lexicon/lexicon.cfm?t=kjv&strongs=h2398 récupéré le 12 08 2020

De même, lorsque d'autres choses dans la vie ne se passent pas comme nous l'avions prévu ou idéalisé, nous souffrons à nouveau.

L'une des situations les plus problématiques à gérer peut être celle de la "fausse cible". Dans ce cas, la personne croit que son "idéal" est quelque chose qu'elle a accepté de l'extérieur. Cependant, au fond d'elle-même, elle a une autre vérité, un autre idéal, auquel elle a renoncé parce qu'il est moins acceptable.

Par exemple, ma profonde attirance pour le cinéma et le théâtre m'a totalement échappé lorsque j'ai essayé de satisfaire le souhait de mon père de me concentrer sur quelque chose en rapport avec les affaires.

Un autre problème majeur se pose lorsqu'il y a deux objectifs concurrents. Les deux sont tout aussi importants et valables l'un que l'autre, mais peuvent aussi s'exclure mutuellement.

Par exemple, l'un des membres d'un couple reçoit l'offre d'une superbe opportunité dans une région du monde totalement différente, mais son partenaire n'a ni le désir ni l'envie de déménager.

Le besoin et le désir de réussir sur le plan professionnel peuvent constituer une partie aussi importante de l'idéal que la personne se fait d'elle-même que celle qui s'attend à être un partenaire loyal et solidaire.

Dans mon travail thérapeutique, je cherche à aider les patients à rapprocher leurs idéaux pour eux-mêmes et leur vie et leurs réalités pas toujours parfaites.

Cela peut se faire par une combinaison de tout ou partie des éléments suivants :

-Modifier la réalité physique (rapprocher la flèche de la cible).

Par exemple, acheter un autre lait, téléphoner à votre amie en début de soirée après sa dernière rupture, trouver un autre emploi, trouver un nouveau partenaire.

-Augmentation de la taille de l'œil du taureau, qui s'obtient par une réflexion sur le niveau de ses attentes.

Par exemple, se contenter d'une note de 8 sur 10 plutôt que de 10 sur 10 à un test.

Repositionner la cible elle-même en changeant ses attentes intérieures.

Par exemple, réaliser et accepter que votre entreprise à but non lucratif ne peut pas fonctionner sans les dons des entreprises.

-Rapprocher les deux idéaux (déplacer une cible devant l'autre).

-Par exemple, travaillez à l'étranger pendant un mois sur trois et travaillez à distance depuis un bureau proche de chez vous pendant les deux autres mois.

Plus l'idéal et le réel se rapprochent, plus notre souffrance est réduite.

Toutefois, pour entamer un tel processus, le patient doit d'abord puiser en lui-même pour découvrir exactement quelles sont ses attentes idéales.

Pourquoi doivent-ils, comme je le dis, "se creuser la tête" ?

C'est parce que beaucoup de gens ne sont pas vraiment conscients de ce que sont leurs valeurs, leurs désirs et leurs attentes réels et intérieurs.

Nos systèmes d'éducation formelle et les normes sociales de la société peuvent nous pousser à cacher nos véritables pensées et sentiments, même à nous-mêmes, et à les considérer comme inacceptables dans une certaine mesure.

Pour revenir à ma propre histoire, lorsque j'ai " creusé en moi-même " il y a quelques années, j'ai réalisé que je n'aurais pas dû suivre un cursus en sciences de gestion, mais que j'aurais été beaucoup, beaucoup plus heureux en m'inscrivant dans une école de cinéma (oui, un peu tard ! !).-

L'aphorisme grec ancien " connais-toi toi-même " (grec : γνῶθι σεαυτόν) est la première des trois maximes delphiques inscrites dans le pronaos (parvis) du temple d'Apollon à Delphes.

Avant de pouvoir trouver l'harmonie intérieure, nous devons découvrir et accepter nos véritables valeurs, attentes et réactions.

Cette lecture honnête de nous-mêmes nous permet de travailler à l'harmonisation de notre idéal avec le réel.

2. Une vision globale de la perte et du deuil

Ce qui suit est une courte réflexion sur les thèmes de la perte et du deuil.

2.1. Perte

Le concept de perte est assez facile à saisir : à un moment donné, nous avons quelque chose, puis nous ne l'avons plus.

Cette perte peut être totale ou partielle, mais nous sommes généralement conscients que nous n'avons plus ce que nous avions auparavant.

Certains lecteurs pourraient penser que ce livre se concentre uniquement sur la perte due à la mort.

Toutefois, ce n'est pas de tout l'intention de cet ouvrage. Le champ d'application est beaucoup plus large et peut faire référence à tout type de perte que nous pouvons subir.

Nous avons tous vécu, vécu ou vivrons une myriade de pertes, grandes et petites, que nous avons subies, que nous subissons et que nous devrons gérer au cours de notre vie, que nous espérons longue. Ces pertes colorent notre expérience de vie et nous permettent de tirer le meilleur parti de ce que nous avons à chaque instant.

En outre, la perte peut également être temporaire ou permanente.

Cependant, il se peut que nous ne soyons pas toujours en mesure de déterminer lequel des deux nous avons affaire, ce qui ne fait que compliquer davantage la façon dont nous pouvons procéder.

2.2. Locus de contrôle

En 1954, le psychologue Julian B. Rotter (1916-2014) a publié un livre intitulé "Social learning and clinical psychology" (apprentissage social et psychologie clinique)[3] . Le concept de "locus of control" se retrouve dans cette théorie de l'apprentissage social.

La réflexion de Rotter est centrée sur la manière dont les gens perçoivent leur capacité à influencer leur propre vie.

---

[3] Rotter, J.B. (1954). L'*apprentissage social et la psychologie clinique*. NY : Prentice-Hall.

Lorsque l'on a le sentiment que le locus de contrôle est tourné vers l'extérieur, nous avons peu d'influence sur ce qui nous arrive.

Lorsque le contrôle se fait davantage vers l'intérieur, nous sommes beaucoup plus maîtres de nos destins.

Un concept que je partage souvent est celui de l'association du contrôle et de la responsabilité ; les deux doivent fonctionner comme un binôme.

Nous pouvons utiliser l'approche de Rotter avec le concept de contrôle/responsabilité. Si notre locus de contrôle est orienté vers l'extérieur, nous avons peu de pouvoir sur ce qui nous arrive *et notre* responsabilité est limitée.

En revanche, un locus de contrôle interne permet de dominer la situation *et*, par conséquent, d'être directement responsable.

Dans le contexte d'une perte, plus une personne perçoit son locus de contrôle comme étant entre ses mains, plus il lui est facile d'assumer la responsabilité du résultat.

Par exemple, imaginez que vous êtes licencié parce que l'entreprise pour laquelle vous travailliez a été réorganisée ; ou que vous quittez votre emploi parce que vous estimez que vous n'êtes pas assez apprécié.

Les deux situations équivalent à la même perte de fonction, d'activité, de statut et de revenu.

Cependant, dans le premier cas, vous êtes une victime ; dans le second, vous êtes l'instigateur.

Il faut savoir que, comme pour toute chose, la vie est multifactorielle, et les situations que nous rencontrons sont rarement aussi simplistes que cet exemple.

En réalité, les choses seront complexes, rarement aussi noires et blanches que cela et il y aura des nuances. Néanmoins, la règle générale reste valable.

Peu importe que le locus de contrôle soit vers l'intérieur ou vers l'extérieur, dans chaque situation, nous sommes susceptibles d'avoir des sentiments positifs et négatifs.

La perte d'un emploi peut en effet entraîner une perte de fonction, d'activité, de statut et de revenu, mais elle peut aussi être source d'opportunités : plus de temps pour soi, pour sa famille, pour se mettre en forme, pour étudier, pour planifier et pour trouver d'autres occupations professionnelles auxquelles nous sommes mieux adaptés et dans lesquelles nous avons plus de chances de réussir.

Ces opportunités peuvent, elles aussi, compliquer le processus de deuil lié à la perte.

2.3. Chagrin, perte et deuil

Le dictionnaire en ligne Merriam-Webster définit le chagrin comme "une détresse profonde et poignante causée par ou comme par un perte".[4] (Le perte est défini comme "l'état ou le fait d'être perdant ou privé de quelque chose ou de quelqu'un".[5])

Ce qui fait clairement défaut dans cette définition, c'est le concept de processus quelconque.

Dans cette définition, le chagrin est un état statique d'être lié à une certaine forme de perte.

Cependant, heureusement, ce n'est pas ainsi que beaucoup de gens le comprennent. Il s'agit plutôt d'un voyage.

---

[4] Merriam-Webster : Grief : https://www.merriam-webster.com/dictionary/grief. Consulté le 30.08.2020.

[5] Merriam-Webster : Bereavement : https://www.merriam-webster.com/dictionary/bereavement. Consulté le 30.08.2020.

Alors dans mon langage d'origine, (l'anglais), nous manquons se troisième mot qui semble être une erreur d'orthographe de diable.

Deuil, désigne la perte, la peine et le chagrin. Cependant, il est beaucoup plus riche que la somme de ces concepts car il intègre aussi l'idée d'acceptation et de lâcher prise.

De la même manière, le deuil doit être un processus qui se termine par un certain degré d'acceptation et de lâcher prise.

Mais qu'est-ce qui nous limite et nous empêche d'accepter et de lâcher prise ?

Pourquoi le deuil prend-il autant de temps ?

Qu'est-ce qui nous bloque dans ce processus ?

La réponse courte et choquante est, bien sûr, NOUS.

Nous nous maintenons dans cet état parce que nous ne pouvons, ne voulons, ne choisissons pas d'avancer vers l'acceptation et la libération de ce que nous avons perdu.

Et pourquoi pas ? Parce que nous avons toujours une sorte d'affaire inachevée avec elle.

La forme que prend ce travail inachevé sera abordée dans les chapitres suivants.

Mais tout d'abord, nous allons réfléchir au processus d'investissement et de désinvestissement.

3. Picturing the Mind

l'Imagerie de l'esprit

Une nouvelle façon d'imaginer
l'investissement et le désinvestissement
émotionnels

Cette section est tirée des premiers chapitres de mon livre, sans surprise, intitulé *"Picturing the Mind"*.

Il s'agit d'un nouveau paradigme (modèle) de la manière d'imaginer que nous fonctionnons en tant qu'êtres vivants.

Bien entendu, il ne s'agit que d'un moyen d'illustrer certaines idées ; il ne s'agit en aucun cas d'une "vérité".

Après avoir passé un certain temps à étudier le chamanisme "moderne" et avoir eu l'incroyable opportunité d'interviewer un chaman traditionnel actif, Ricardo Tsakimp,[6] , j'ai pu imaginer une manière intéressante et descriptive de décrire notre expérience émotionnelle en termes de processus d'investissement et de désinvestissement dans les choses, les projets et les personnes.

---

[6] Ricardo Tsakimp est Uwishin, ce qui signifie "chaman" en langue Shuar. Il est le fondateur de l'Association des chamans Shuar et a travaillé pendant plusieurs années au Département de la santé interculturelle provinciale (DPSI) et continue de travailler avec le Département de la médecine traditionnelle Shuar à Sucua.

Pour les cultures traditionnelles, le concept de psyché n'existe pas ; elles ne parlent que de l'âme.

Alors que dans la pensée contemporaine, on considérerait qu'une personne est psychologiquement malade, une culture traditionnelle pourrait voir cela comme des parties de l'âme qui ont été contaminées, perdues ou volées.

Le travail du chaman consiste (avec l'aide de ses "alliés") soit à éliminer ou à détruire les parties contaminées de l'âme, soit à voyager dans les autres royaumes (mondes) et à récupérer le fragment d'âme perdu.

Les aventures héroïques des chamans qui piègent, volent ou séduisent ces fragments font l'objet de récits passionnants et amusants. Cependant, cette vision plutôt simpliste de notre fonctionnement, bien que séduisante dans une large mesure, ne peut satisfaire ou s'intégrer utilement dans les théories et pratiques beaucoup plus complexes et exigeantes d'un psychologue occidental.

Cela ne veut pas dire que les deux approches ne peuvent pas être intégrées dans une théorie et une pratique de fonctionnement communes.

C'est la position de Sandra Ingleman, qui, dans son ouvrage fondamental *Soul Recovery*,[7] basé sur de nombreux travaux et expériences personnels, établit un lien entre la perte de l'âme et les symptômes dépressifs.

Pour pousser cette idée un peu plus loin, je me suis posé la question suivante : Et si la séparation des fragments de l'âme n'était pas une maladie mais une partie normale et naturelle du fonctionnement humain ?

---

[7] *Soul Retrieval : Mending the Fragmented Self* : HarperOne ; 8 août 2006, ISBN-13 : 978-0061227868 www.sandraingerman.com.

Quel serait l'avantage d'une pratique aussi périlleuse ?

Imaginez votre âme comme un bloc solide d'énergie vitale ; elle recèlerait un énorme potentiel de création. Cependant, en elle-même, elle serait statique, inerte.

Imaginez maintenant que vous prenez une partie de l'ensemble, tout en conservant un lien vers la source.

Cela créerait un espace vide dans l'âme, un trou.

Mais si vous reliez ce segment à une source d'énergie externe, l'énergie peut revenir de ce segment vers l'âme, créant ainsi lumière et chaleur dans l'espace créé.

Chaque fois que nous investissons notre énergie dans une personne ou un projet, cela crée son propre retour positif qui nous apporte des sentiments de bonheur, de lumière intérieure et de chaleur.

Cependant, si pour une raison quelconque, notre investissement ne rapporte pas d'énergie positive, nous nous retrouvons avec un vide froid et sombre, un sentiment de manque.

Une théorie principale derrière *Picturing the Mind* est simplement la suivante :

Tout au long de notre vie, nous projetons des parties de nous-mêmes dans une vaste multitude de projets, de personnes et de possibilités d'avenir. Ces parties de nous-mêmes s'attachent à ces éléments extérieurs qui nous apportent de l'énergie, laquelle sera positive ou non en fonction des situations passées et présentes.

Il est clair qu'en augmentant le montant que nous investissons de nous-mêmes, nous créons les conditions pour en tirer le plus de bénéfices, mais aussi le plus de souffrances.

26

L'exemple le plus intense est clairement l'expérience de l'amour, qui procure à la fois le plus grand bonheur et la plus grande souffrance.

Que se passe-t-il donc lorsque la personne ou la chose dans laquelle nous avons investi notre énergie change de telle sorte qu'elle nous apporte plus ou moins d'énergie positive ?

La réponse simple et logique est que nous augmentons ou diminuons notre investissement dans cette personne ou cette chose.

Bien sûr, rien n'est jamais aussi facile ou aussi simple que cela. Il existe de nombreuses raisons pratiques et émotionnelles qui limitent notre liberté de mouvement.

La chose dans laquelle nous investissons peut-être une maison, un emploi, une entreprise, un hobby, un mariage, un membre de la famille ou même un animal de compagnie.

Accroître notre participation à des actions positives peut nécessiter des ressources qui ne sont pas disponibles gratuitement. Par exemple, du temps, de l'énergie et de l'argent.

D'autre part, chacune d'entre elles nous aura coûté en investissements au fil du temps, chacune aura créé des attentes, chacune nous coûtera un certain degré de déception si nous choisissons de réduire ou de libérer notre énergie de celles-ci.

Cependant, modifier notre focus et la quantité d'énergie que nous investissons (émotionnelle, physique, etc.) dans de nombreux aspects de notre vie quotidienne est quelque chose que nous faisons constamment, et souvent sans même en être conscients. Par exemple, nous pouvons consacrer plus de temps à un passe-temps, à un hobby ou à un sport ; nous pouvons aussi annuler une réunion avec un ami, offrir notre place dans le métro à une personne âgée, accepter un autre dessert parce que le restaurant n'en a plus de notre préféré.

Nous sommes capables de faire ces choses avec peu ou pas de sentiments importants de plaisir ou de douleur, et aucune de ces décisions n'a un impact majeur sur notre investissement en nous-mêmes.

Cependant, lorsque le changement est important à un certain niveau, en particulier lorsqu'il implique une réduction ou un retrait d'énergie, il peut être beaucoup plus difficile d'y parvenir.

Pour visualiser cela, je suggère que nous imaginions que cette grande partie de votre âme est attachée à l'élément investi.

En remarquant les ressources émotionnels auxquels il reste lié, et leur importance, vous pouvez commencer à comprendre ce qu'il faut faire pour le réduire ou le détacher.

Par ressources émotionnels, j'entends le besoin d'amour, de reconnaissance et de réussite, les sentiments de colère et de vengeance, ainsi que les activités qui nous motivent dans toutes nos relations avec nous-mêmes et avec le monde réel.

Plus l'investissement en ressources est important, plus l'investissement émotionnel est significatif.

Bien sûr, ce n'est pas sorcier, mais ce n'est qu'en clarifiant comment et pourquoi nous continuons à renforcer ces liens que nous sommes en mesure de trouver les moyens appropriés pour les réduire et diriger notre force vitale à l'intérieur de nous-mêmes.

Et après avoir récupéré ces énergies, elles sont à nouveau disponibles pour être investies dans d'autres personnes et projets.

4. Comment les différentes sociétés et traditions traitent la mort

4.1. Des sociétés et des traditions différentes :

Introduction

Aussi individuelle que soit notre façon de gérer la perte et le deuil, nous avons tous été élevés dans un certain nombre de cultures interconnectées.

Ces influences qui se chevauchent - la famille, le quartier, le groupe social, la religion, l'État et la nationalité, pour ne citer que les plus évidentes - sont des facteurs intrinsèques qui façonnent notre identité et notre fonctionnement.

Même si nous avons choisi de rejeter et de nous distancier de certaines de ces influences, elles ont tout de même fait partie de notre développement et affectent donc nos valeurs et nos comportements dans une certaine mesure (même si c'est de manière négative).

À titre d'exercice de comparaison et de contraste, je vais résumer certaines des attitudes et pratiques d'un certain nombre de cultures et de religions. Il convient de noter que chacune d'entre elles est considérée comme une manière correcte et valide de traiter la mort par toute une communauté.

Par conséquent, même si votre éducation et votre société sont en désaccord avec votre propre vision de la façon d'agir en cas de perte et de deuil, vous pouvez constater qu'un autre groupe ou une autre société suit et valide votre position particulière.

Si votre religion ou votre tradition n'est pas abordée ici, ne considérez pas cela comme une forme de non-validation. Offrir une vision exhaustive de toutes les religions et traditions dépasse le cadre de ce chapitre. J'ai donc limité ma sélection à celles qui me semblent apporter la vision la plus large.

Veuillez également noter qu'en raison de l'utilisation d'une grande variété de sources, le style linguistique est varié car j'ai choisi de conserver les voix des auteurs originaux.

4.2. Les traditions catholiques

L'attitude catholique face à la mort me semble plutôt contradictoire. D'une part, la mort est considérée comme une forme de punition infligée au monde par Adam et Eve qui n'ont pas respecté les règles de Dieu dans le jardin d'Eden (Doane, 2019). [8]

Cependant, l'agence de presse catholique[9] - dans ses informations sur la Leçon 37 : Sur le jugement dernier et la résurrection, l'enfer, le purgatoire et le paradis - donne une vision beaucoup plus complexe de la mort.

On est jugé à la fois au moment et à l'endroit de la mort, puis le jour du jugement dernier. Selon le premier verdict, on est envoyé au Paradis, en Enfer ou au Purgatoire. Ensuite, nous avons le second verdict :

La résurrection générale ou le relèvement de tous les morts aura lieu lors du jugement général, lorsque les mêmes corps dans lesquels

---

[8] Doane, P.M. (2019). *Encounter Jesus. Transformer la culture catholique en crise.* Wipf and Stock Publishers.
[9]
https://www.catholicnewsagency.com/resources/catechism /baltimore-catechism/lesson-37-on-the-last-judgment-and-the-resurrection-hell-purgatory-and-heaven. Consulté le 04.10.2020.

nous avons vécu sur terre sortiront de la tombe et seront unis à nos âmes et resteront unis avec elles pour toujours, soit au ciel, soit en enfer".

L'église propose une messe la nuit précédant le jour des funérailles, appelée veillée, à l'église ou au domicile du défunt, et le corps est toujours présent. Les rituels sont suivis pendant la messe funéraire, et sont caractérisés par l'expression du chagrin, la célébration et l'appréciation du don de la vie (Villalba, 2020).[10]

Cependant, d'après Catholiques et Culture,[11]

Les façons dont les catholiques honorent, se souviennent et perçoivent leur lien avec les morts varient certainement d'une culture à l'autre. S'il existe des points communs évidents,

---

[10] Villalba, D. (2020). Duren, le pape François et la peine de mort : Comment les catholiques peuvent rendre le processus de sélection du jury de la peine capitale inconstitutionnel'. *Am. Crim. L. Rev.* 57, 1663.

[11] https://www.catholicsandcultures.org/practices-values/death-mourning-afterlife, consulté le 04.10.2020.

le Mexique, l'Irlande, la Croatie, le Portugal et la Pologne - pays dont l'histoire culturelle est profondément marquée par le catholicisme – différencie tous de manière significative dans leur façon de pleurer, de commémorer et de percevoir les morts. Dans les cultures plus fortement marquées par d'autres religions, la pratique catholique se heurte souvent à des pratiques traditionnelles concernant la mort et l'enterrement, qui peuvent différer considérablement des pratiques catholiques traditionnelles".

Il est donc difficile de trop généraliser sur la façon dont les personnes en deuil traitent la mort d'un être cher.

4.3. Les traditions baptistes

En général, il semble y avoir une similitude entre les baptistes et les catholiques dans leur vision de la mort et de l'au-delà. Cependant, les funérailles baptistes ont tendance à être un peu différentes, comme le décrit Candi K. Cann (2020).[12]

Lors de leurs rassemblements funéraires, ils organisent des célébrations religieuses joyeuses de la vie des morts et remercient Dieu en espérant que l'âme du défunt s'est réunie avec lui.

Cependant, Ian Anthony Taylor, dans son ouvrage sur le processus de deuil des baptistes spirituels,[13] , décrit un rituel de deuil de sept à huit jours au cours duquel la personne en deuil reste principalement seule dans une pièce séparée.

Le deuil est une période de prière, de jeûne et de renoncement au cours de laquelle la personne en deuil passe la plupart du temps

---

[12] Cann, C.K. (2020). Black deaths matter : Gagner le droit de vivre : Death and the African-American funeral home". *Religions*, 11(8), 390.

[13] Ian Anthony Taylor, "The rite of Mourning in the spiritual Baptist church with emphasis on the activity Of the spirit" : https://www.jstor.org/stable/40653858. Consulté le 04.10.2020.

allongée sur le sol d'une pièce sombre. Pour une première fois, le rite dure généralement sept ou huit jours."

4.4. Les traditions juives

La majeure partie de cette section est tirée de l'excellent article "Opinion : Good grief : Ce que les rituels de deuil peuvent nous apprendre sur la nature de la vie" par Na'ama Carlin.[14]

Pour commencer, dans la tradition juive,

Même dans la mort, le corps juif reste en communauté. Le corps n'est jamais seul, jusqu'au moment où il est mis en terre ; et même alors, il est entouré de personnes en deuil. La pratique de la shmira se traduit par "veiller" ou "garder". Il s'agit d'un rituel qui consiste à rester auprès du défunt depuis sa mort jusqu'à son enterrement.

---

[14] Na'ama Carlin, 'Opinion : Good grief : What grieving rituals can teach us about the nature of life' : https://www.abc.net.au/religion/good-grief/10993344. Consulté le 04.10.2020

Le terme anglais "watching" est quelque peu trompeur dans ce contexte, veiller", est plus juste, car les observateurs ne regardent pas le corps ; ils restent plutôt dans la même pièce, partageant l'espace et le temps. Par respect pour le défunt, le veilleur ne peut ni manger, ni boire, ni fumer, car le défunt ne peut faire aucune de ces choses.

Une fois les funérailles terminées, la famille entame le rituel de "sitting shiva". Ce sont les sept jours (en hébreu, shiva) qui suivent le décès d'un membre de la famille. Pendant la shiva, les personnes en deuil reçoivent des visiteurs qui présentent leurs condoléances et échangent des récits sur la vie du défunt. ... Les visiteurs apportent de la nourriture et des boissons afin que les endeuillés n'aient pas à se soucier de choses aussi élémentaires que la cuisine ou les courses. ... La shiva est une période de deuil intense.

Chaque jour, des personnes se présentent à la maison des endeuillés. Ils sont rarement laissés seuls. Le deuil est partagé par la communauté - ce qui rappelle que la perte personnelle est aussi celle de la communauté.

Pour conclure la shiva, la coutume veut que la personne en deuil se lève littéralement "de la shiva". Accompagnées d'amis, les personnes en deuil se lèvent d'une semaine de confinement à la maison et vont se promener dans le quartier. De cette manière, ils signalent à la communauté qu'ils ont achevé la partie initiale du processus de deuil ; la shiva est terminée et les activités quotidiennes peuvent à nouveau commencer lentement. Il existe d'autres étapes importantes, par exemple les shloshim, trente jours après l'enterrement, après lesquels la pierre tombale est souvent révélée. Pendant les shloshim, les personnes en deuil ne peuvent pas se marier, se raser ou se faire couper les cheveux.

Le temps qui passe reste constant, incarné. Vient ensuite l'anniversaire de l'année, qui est commémoré chaque année."

4.5. Les traditions islamiques

La première partie de la section est tirée de l'excellente série de la BBC intitulée "Bitesize".[15]

L'islam enseigne qu'il y a une vie après la mort, ce que l'on appelle l'Akhirah. Dans l'islam, c'est Allah qui décide de la mort d'une personne et la plupart des musulmans croient que lorsqu'ils meurent, ils restent dans leur tombe jusqu'à Yawm al-din, le jour du jugement.

Ce jour-là, ils sortiront de leur tombe et seront amenés devant Allah et jugés sur la façon dont ils ont vécu leur vie terrestre. Cette croyance est connue sous le nom de résurrection du corps.

---

[15] Croyances et rituels de mort musulmans
https://www.bbc.co.uk/bitesize/guides/z6mhgk7/revision/3
Récupéré le 04.10.2020

Ceux qui ont accompli plus de bonnes actions que de mauvaises entreront dans le Jannah, ou Paradis. Le Jannah est un lieu décrit comme un "jardin de félicité éternelle" et une "maison de paix". Au Jannah, il n'y aura ni maladie, ni douleur, ni tristesse.

Ceux qui ont accompli plus de mauvaises actions que de bonnes entreront au Jahannam ou Enfer. C'est un lieu de souffrance physique et spirituelle.

Les musulmans croient qu'Allah est indulgent, miséricordieux et compatissant, de sorte que toutes les mauvaises actions ne seront pas punies. Allah pardonnera à ceux qui se sont repentis de leurs péchés et à ceux qui ont fait du bien dans leur vie, par exemple en faisant preuve de bonté envers les autres.

Pour cette section suivante, sur les rituels de deuil, j'ai bénéficié de la riche source de econdolence.com.[16]

Les périodes de deuil de l'Islam fournissent un rituel et une structure pour le croyant musulman qui traverse le processus de deuil d'un être cher. Les coutumes et traditions, qui varient légèrement selon la secte et le lieu, apportent réconfort et force à la famille. La croyance ferme en la vie après la mort est une vérité fondamentale de l'islam. Le deuil doit être traité en comprenant que la mort n'est pas la fin de la vie, mais une transition vers une vie éternelle.

---

[16] Islam-periodes-de-deuil,https://www.econdolence.com/learning-center/religion-and-culture/islam/islam-periods-of-mourning/ Récupéré le 04.10.2020

Types de services

Dans la tradition islamique, il n'y a ni veillée ni exposition du corps. Le corps doit être enterré le plus rapidement possible après le décès. Le service funéraire, appelé Salat ul Janazah, est en fait un service de prière offert pour présenter des requêtes à Dieu demandant le pardon des péchés du défunt.

Le service funéraire est rempli de rituels et de coutumes à accomplir lorsque le corps est mis en terre. Les prières et la récitation de mots et de phrases du Coran sont des expressions courantes du deuil lors de ce service. Bien que l'on s'attende à ce que des larmes soient versées, des explosions de chagrin fortes et prolongées sont considérées comme inappropriées et témoignent d'un manque de foi.

Il est courant que la famille et les amis poursuivent un temps de prière ensemble après l'enterrement.

Ce moment a généralement lieu au domicile de la famille, ou dans un endroit éloigné du cimetière. Les amis et les membres de la famille élargie fournissent la nourriture et les autres produits de première nécessité à la famille immédiate pendant cette période. Les visites de réconfort des amis peuvent se poursuivre jusqu'à trois jours après le décès.

Traditions, coutumes et rituels de deuil

Les amis et la famille pleurent ensemble la perte d'un être cher pendant trois jours. Pendant cette période, les responsabilités de la famille immédiate sont réduites au minimum. La plupart resteront ensemble dans une maison familiale et recevront les invités des amis et de la famille plus éloignée. Les personnes en deuil s'occuperont des besoins fondamentaux de la famille, y compris les repas et la nourriture pendant cette période.

Les veuves ont des rituels et des coutumes supplémentaires qui régissent leur comportement. Les veuves sont censées rester en période de deuil pendant quatre mois et dix jours. Pour que le deuil se déroule correctement, le mari doit mettre de côté de l'argent pour subvenir aux besoins de sa femme pendant un an en cas de décès prématuré.

La durée des périodes de deuil requises dans l'Islam dépend de la relation que l'on entretenait avec le défunt. [Mise en forme ajoutée pour mettre l'accent - Ndlr].

Le temps normal réservé au deuil est de trois jours après le décès. Pendant cette période, la famille et les amis peuvent se rendre au domicile familial pour exprimer leurs condoléances et offrir des prières au nom du défunt et de sa famille.

Des périodes de deuil plus longues peuvent être nécessaires en raison de circonstances inhabituelles entourant le décès ou de parents ayant parcouru une grande distance pour la visite.

La veuve aura une période de deuil prolongée de quatre mois lunaires et dix jours après la mort de son mari. Pendant cette période, elle ne doit avoir qu'un contact limité avec le monde extérieur. Elle doit éviter tout contact avec un homme qui pourrait être considéré comme un candidat possible à une relation conjugale.

La veuve reste généralement à la maison pendant toute cette période de deuil. La famille et les amis s'occuperont des besoins essentiels de la femme pendant cette période. Il lui est permis de quitter la maison pour des besoins particuliers, comme une visite chez le médecin ou une transaction commerciale.

Ses activités à l'extérieur de la maison doivent être réduites au minimum et doivent refléter un esprit humble et sombre plutôt qu'un esprit de célébration.

4.6. Les traditions africaines

Cette section est tirée de l'"Encyclopédie de la mort et du mourir", qui a fait l'objet de recherches impressionnantes.[17] La première et très importante vision de la vie est la suivante :

Dans les religions africaines, la vie ne se termine pas avec la mort, mais se poursuit dans un autre royaume. Les concepts de "vie" et de "mort" ne s'excluent pas mutuellement, et il n'existe pas de lignes de démarcation claires entre eux.

---

[17] Religions africaines, Encyclopédie de la mort et des mourants : http://www.deathreference.com/A-Bi/African-Religions.html

... La mort, bien qu'étant un événement redouté, est perçue comme le début de la relation plus profonde d'une personne avec l'ensemble de la création, le complément de la vie et le début de la communication entre le monde visible et le monde invisible. Le but de la vie est de devenir un ancêtre après la mort.

C'est pourquoi toute personne qui meurt doit bénéficier de funérailles "correctes", soutenues par un certain nombre de cérémonies religieuses.

Si cela n'est pas fait, le mort peut devenir un fantôme errant, incapable de "vivre" correctement après la mort et donc un danger pour ceux qui restent en vie. On pourrait faire valoir que les rites mortuaires "appropriés" sont davantage une garantie de protection pour les vivants qu'un moyen d'assurer un passage sûr pour les mourants.

Les attitudes à l'égard des morts récents sont ambivalentes, oscillant entre l'amour et le respect d'une part et la crainte et le désespoir d'autre part, notamment parce que l'on croit que les morts ont un pouvoir sur les vivants".

Certains groupes font de gros efforts pour empêcher les morts de retrouver le chemin de leur maison, tandis que d'autres adoptent la position inverse et vont jusqu'à enterrer leurs morts à côté de la maison.

La plupart des peuples africains croient que les récompenses et les punitions sont infligées aux gens dans cette vie et non dans l'au-delà. Sur la terre des défunts, ce qui se passe là-bas se produit automatiquement, indépendamment du comportement terrestre d'une personne, à condition que les rites funéraires corrects aient été observés.

Mais si une personne est un sorcier, un meurtrier, un voleur, quelqu'un qui a enfreint le code ou les tabous de la communauté, ou quelqu'un qui a eu une mort non naturelle ou un enterrement inapproprié, alors cette personne peut être condamnée à être punie dans l'au-delà comme un fantôme errant, et peut être battue et expulsée par les ancêtres ou soumise à une période de torture selon la gravité de ses méfaits, un peu comme le concept catholique du purgatoire".

Cependant, le concept de réincarnation se retrouve également dans les traditions de bon nombre de ces peuples. Les Africains sont favorables à la réincarnation - le monde est un endroit lumineux, chaud et vivant dans lequel les morts ne sont que trop heureux de revenir de l'obscurité et de la froideur de la tombe.

Les rituels funéraires sont importants - si les rites corrects ne sont pas observés, le défunt peut revenir troubler les parents vivants.

Nous ne nous étendrons pas sur les différentes coutumes funéraires traditionnelles, car elles sont très nombreuses. Nous reconnaîtrons plutôt que leur fonction est d'assurer que l'âme du défunt puisse voyager correctement et avec succès vers sa destination appropriée.

Lorsque quelqu'un est décédé dans une maison, [...] les lits sont retirés de la chambre du défunt et les femmes en deuil s'assoient sur le sol, généralement sur un matelas. Pendant la période précédant les funérailles - généralement de sept à treize jours - des personnes de la communauté rendent visite à la famille endeuillée pour la réconforter.

4.7. Les traditions bouddhistes

La mort est au cœur de la culture bouddhiste ; être en état de mourir bien et paisiblement est un objectif majeur de ce système de croyance. C'est en vivant correctement et en mourant paisiblement que l'âme a le plus de chances de se réincarner dans une forme supérieure et de poursuivre son voyage vers l'avant.

Dans "La mort et le décès dans la tradition bouddhiste tibétaine", la Vénérable Pende Hawter[18] décrit clairement les étapes incroyablement complexes de la mort. L'accent mis sur ce processus confirme à quel point il est important pour ces cultures que la mort soit "bien faite".

---

[18] Ven. Pende Hawter, "Death and dying in the Tibetan Buddhist tradition" : http://www.buddhanet.net/deathtib.htm. Consulté le 04.10.2020.

Amy Newman, écrivant sur les rituels de mort bouddhistes ,[19] reflète cela :

Les bouddhistes s'attachent à prendre soin de l'état mental et spirituel de l'individu, plutôt que de prolonger anormalement sa vie, afin de favoriser une bonne renaissance. À cette fin, les rituels bouddhistes de fin de vie visent à maintenir la personne calme, paisible et concentrée sur les bonnes actions réalisées au cours de sa vie.

Les proches placent des images de Bouddha et des fleurs dans la pièce pour que la personne reste calme face à la mort".

Cependant,

Les funérailles bouddhistes ne sont pas des occasions totalement tristes, car les bouddhistes croient que la personne décédée est passée à la prochaine renaissance et qu'elle

---

[19] Amy Newman, "Rituels de mort bouddhistes", lovetoknow : https://dying.lovetoknow.com/burial-cremation/buddhist-death-rituals. Consulté le 04.10.2020.

connaîtra, espérons-le, une vie plus heureuse et plus épanouie.[20]

Il n'est pas rare que le mourant ou sa famille offre des cadeaux à la communauté monastique pour s'attirer les bonnes grâces. La famille et les amis peuvent accomplir de bonnes actions au nom du mourant (si possible, la personne doit reconnaître ces actions).

Ces bonnes actions sont transférées au mourant, dans l'espoir d'obtenir plus de mérite à la mort pour une meilleure renaissance".

Après la mort, des chants sont prononcés afin de générer des mérites supplémentaires pour aider à la renaissance.

---

[20] BBC Bitesize, "La mort et l'au-delà" : https://www.bbc.co.uk/bitesize/guides/zyhmk2p/revision/4 . Consulté le 11.10.2020.

4.8. Les traditions hindoues

La plupart des hindous croient que les humains sont dans un cycle de mort et de renaissance appelé "samsara". L'hindouisme enseigne que le cycle peut être brisé grâce à une connaissance éclairée.[21]

Dans 'Rites de transition : Hindu Death Rituals '[22] nous trouvons que :

Lorsque la mort est imminente... une lampe est allumée près de sa tête et il est invité à se concentrer sur son mantra. Les membres de la famille veillent jusqu'au grand départ, en chantant des hymnes, en priant et en lisant les Écritures.

---

[21] BBC Bitesize, 'Life after death' :
https://www.bbc.co.uk/bitesize/guides/zhxpr82/revision/3
#:~:text=life%20after%20death%3F-
,Most%20Hindus%20believe%20that%20humans%20are
%20in%20a%20cycle%20of,may%20exist%20in%20othe
r%20realms. Consulté le 03.10.2020.
[22] Rites de transition : Rituels de mort hindous ".
Beliefnet :
https://www.beliefnet.com/faiths/hinduism/2001/02/rites-
of-transition-hindu-death-rituals.aspx consulté le 03 10
2020

Dans "Hindu Death and Funeral Rituals"[23] Sally Painter explique que le corps est ensuite nettoyé et préparé pour la crémation. Personne ne touche le corps, qui est considéré comme impur, jusqu'à ce qu'un membre de la famille prenne un bain cérémoniel et passe une lampe à huile sur le corps.

Traditionnellement, les rites funéraires hindous doivent avoir lieu avant le prochain lever ou coucher du soleil, selon ce qui se produit en premier.

Tout ce qui se trouve dans la maison est nettoyé. La viande cuite et les œufs sont jetés. Les repas de la famille pendant treize jours à partir de ce moment sont purement végétariens.

---

[23] Sally Painter, " Hindu Death and Funeral Rituals " : https://dying.lovetoknow.com/death-cultures-around-world/hindu-death-rituals : Récupéré le 03.10.2020.

Toute personne qui connaissait le défunt est socialement obligée de lui rendre hommage. Les cadeaux de fleurs et/ou de fruits sont acceptés, mais aucune nourriture ne doit être offerte. Les visiteurs peuvent s'asseoir par terre, les jambes croisées, près du défunt et participer aux chants, aux prières et à l'expression du chagrin.

Une fois le cortège funéraire arrivé au crématorium, la civière est placée sur le bûcher funéraire et le fils aîné l'allume. Il faut environ dix à douze heures pour que le corps brûle complètement.

Certaines familles attendent en veillant jusqu'à ce qu'elles entendent le crâne craquer, moment où l'on croit que l'âme est libérée et quitte le corps.

Les membres de la famille veillent jusqu'à ce que les corps soient complètement incinérés et récupèrent ensuite les cendres de leurs proches.

Les cendres sont stockées dans une urne et conservées jusqu'au treizième jour. Si un crématorium privé est utilisé, l'urne contenant les cendres est remise à la famille le treizième jour.

De retour chez soi, une période d'impureté rituelle commence pendant laquelle "la famille et les proches ne se rendent pas chez les autres, bien que les voisins et les parents apportent des repas quotidiens pour soulager les fardeaux du deuil".

Si l'homme du foyer meurt, la veuve est déchargée de ses responsabilités pendant les treize jours suivants afin qu'elle puisse faire son deuil.

4.9. Traditions chamaniques sud-américaines

Dans ce système de croyances, la mort est un événement non-physique, par lequel le défunt entre dans un nouveau monde de connaissance et est capable d'interagir avec les esprits de la nature.

Dans le monde chamanique, on laisse derrière soi tous les chagrins et les blocages, et on embrasse une nouvelle vie libre et joyeuse (Clark, 2017). [24]

La mort est une transformation qui exige un changement de perspective de la vie. On doit laisser partir l'ancien soi, permettre de nouvelles révélations ; plus de capacités suivront. La mort est une porte vers la nouvelle vie - avec de nouveaux objectifs et de nouvelles tâches ; les anciennes pratiques sont laissées derrière avec l'aide d'Erlik (Michael, 2019).[25]

---

[24] Clark, C.S. (2017). *A Shaman's Death : Identifying Shaman Women in Pre-Columbian Mortuary Contexts* (thèse de doctorat, University College Dublin).

[25] Michael, T. (2019). 'Chamanisme, érotisme et mort : Les structures rituelles des neuf chants en contexte comparatif.' *Religions*, 10(1), 17.

Selon Clark, les chamans s'occupent de la personne mourante et la familiarisent avec la pratique traditionnelle chamanique du *phowa*, qui consiste à faire passer la personne à la lumière par la méditation.

Certaines prières anciennes sont récitées pour nettoyer les mauvaises habitudes du mourant afin qu'il puisse avoir une mort paisible. Pour autant que la famille du défunt soit d'accord, les chamans accomplissent également certains rites en huilant et en lavant le mourant.

Pendant les trois jours de la veillée, le corps du défunt est préparé. Il est décoré et n'est jamais laissé sans surveillance. Une bougie est allumée près de la tête, qui pointe vers le sud. On crée un sanctuaire qui respecte les quatre directions et crée un cercle sacré autour du corps.

La famille et les amis sont purifiés avec de la fumée de sauge avant d'être autorisés à entrer dans le cercle.

Le corps est ensuite porté par douze personnes et déposé dans le sanctuaire. Cette cérémonie est suivie de l'exécution d'une danse d'honneur (Mihas, 2019).[26]

Les proches placent des pierres sur le sanctuaire. Deux espaces sont laissés - un pour l'esprit du mort et l'autre pour les vivants. La célébration chamanique de l'intestin est organisée pour faciliter le passage de l'âme dans l'au-delà (Clark, 2017). Elle est caractérisée par le chagrin et le deuil, car les morts et leurs proches ont leur dernier contact "direct".

---

[26] Mihas, E. (2019). 'Documenter les chants rituels : Best practices for preserving the ambiguity of Alto Perené (Arawak) shamanic pantsantsi "singing"'. *Documentation linguistique et conservation*, 13, 197-230.

4.10. Les traditions des Indiens d'Amérique du Nord

Les Indiens d'Amérique considèrent la mort comme un simple voyage vers le monde de l'au-delà. On croit que l'esprit du mort est en colère contre les vivants, et pourrait hanter ceux qui utilisent leurs biens. Pour cette raison, leurs biens sont enterrés avec eux ou brûlés (Indovina, 2019).[27]

La famille peut déménager dans une nouvelle maison pour éviter que le fantôme du défunt ne la hante et pour que les vivants ne fassent pas obstacle au passage de l'esprit du défunt dans l'au-delà.

---

[27] Indovina, A. (2019). Wild West in upstate New York : Native American Culture, Performances, and Public Debates about Indian Affairs, 1880s-1930s.' Thèses de master en histoire. 29.
https://digitalcommons.brockport.edu/hst_theses/29.

Les rituels de mort visent à assurer aux morts une vie après la mort confortable et prospère. De la nourriture, des bijoux, des armements et certains outils essentiels sont placés sur la tombe pour que le défunt puisse les utiliser dans sa nouvelle vie (Charbonneau-Dahlen, 2018).[28] Certains sacrifient même des esclaves, des épouses et des chevaux à cette fin.

Certains choisissent de ne pas enterrer le corps, mais de le placer sur un arbre ou une plate-forme surélevée.

Dans cette tradition, l'esprit du mort ne meurt jamais, et les ancêtres du défunt sont donc appelés à honorer les rituels. Les personnes en deuil évitent de mentionner le nom du défunt au cas où il se rappellerait à elles.

---

[28] Charbonneau-Dahlen, B.K. (2018). 'Un rituel de mort traditionnel amérindien : développer les connaissances infirmières par l'exposition esthétique.' L'*éducation infirmière en pratique*, 28, 92-95.

De plus, les Amérindiens croient qu'une fois que la mort survient, c'est un état permanent, donc les gens pleurent et font le deuil des morts, bien que ce soit culturellement une chose privée (Panich, 2018).[29]

Selon Searles (2020),[30] après l'enterrement, un feu est allumé à la tête de la tombe pendant quatre nuits pour aider l'esprit du défunt dans son voyage pendant que les gens font leur deuil.

[29] Panich, L.M. (2018). 'Death, mourning, and accommodation in the missions of Alta California'. In *Franciscans and American Indians in Pan-Borderlands Perspective : Adaptation, négociation et résistance.* Académie d'histoire franciscaine américaine, 2018.

[30] Searles, E.N. (2020). L'odeur de la boue, le travail de la fumée : Re-enacting native American ritual in an anthropology course ". Dans *Experiential and Performative Anthropology in the Classroom* (pp. 101-116). Palgrave Macmillan, Cham.

4.11. Les traditions chinoises

Les traditions chinoises concernant la mort et le décès sont issues d'un mélange de bouddhisme, de confucianisme, de taoïsme et de chamanisme. Il existe une acceptation naturelle de la mort et de la souffrance, car la mort est considérée comme le portail vers une vie après la mort.

La qualité de l'expérience de l'au-delà dépend en grande partie du fait que la personne ait eu une bonne ou une mauvaise vie. Par exemple, mourir avec des affaires inachevées, des proches dont on ne s'occupe pas ou des torts non pardonnés à autrui, tout cela nuit à une bonne expérience dans l'au-delà.[31]

---

[31] Chan, W.C.H., Tse, H.S., & Chan, T.H.Y. (2006). What is a good death ? Bridging the gap between research and intervention". Dans C.L.W Chan & A.Y.M Chow (Eds.), *Death, Dying and Bereavement : A Hong Kong Chinese Experience* (pp. 127-138). Hong Kong : Hong Kong University Press.

En outre, les cérémonies qui marquent le passage à l'au-delà sont hautement ritualisées. Une grande importance est accordée aux procédures et aux cérémonies funéraires car c'est à ce moment-là que se produit le passage vers l'au-delà.

Un élément essentiel de la cérémonie funéraire est le port d'une figure représentant le défunt sur un pont ; cela signifie le passage. Dans une culture où le culte, le respect et la révérence envers les ancêtres sont depuis longtemps largement acceptés, une mort et un décès appropriés sont le début d'un rôle important au sein de la famille. [32]

Ainsi, bien que la mort puisse être un événement qui engendre une grande tristesse et une perte, une grande importance est accordée au

----

[32] Hardt, D.V. (1979). *Death, the Final Frontier.* Englewood Cliffs, NJ : Prentice-Hall.

processus de mort pour le rendre significatif et transitoire.[33]

Dans les croyances culturelles chinoises sur la mort et la vie après la mort,[34] , il existe une autre dimension importante : On croit qu'après la mort, les personnes qui ont commis de nombreuses fautes au cours de leur vie sont envoyées en enfer pour y être jugées.

Les enfants et les proches du défunt doivent engager des spécialistes pour mener des rituels afin d'atténuer les souffrances du défunt en enfer. Les rituels sont considérés comme des "vertus et des mérites" (*gongde*) et peuvent contrecarrer les mauvaises actions.

---

[33] Lee Ann Mjelde-Mossey PhD & Cecilia L.W. Chan PhD (2007). Enquête sur la mort et le décès à Hong Kong. *Social Work in Health Care*, 45:1, 49-65, DOI : 10.1300/J010v45n01_04.

[34] Catholiques & Cultures. Les croyances culturelles chinoises sur la mort et la vie après la mort prévalent à Hong Kong. https://www.catholicsandcultures.org/hong-kong-china-sar/death-and-afterlife

Les esprits privés de cette attention deviennent dangereux et peuvent perturber les personnes dans le monde naturel. Les descendants responsables doivent vénérer leurs ancêtres et leur fournir suffisamment de papier et d'offrandes alimentaires pour les dissuader de se transformer en fantômes sauvages.

Lorsque le défunt a accumulé suffisamment de vertus et de mérites en menant une bonne vie et en ayant été correctement soigné par ses descendants, il retourne dans le monde naturel et renaît en tant qu'être humain.

Cependant, le quinzième jour du septième mois lunaire, le festival du fantôme affamé (similaire à Halloween) est célébré. Le septième mois est le moment où les fantômes sont libérés de l'enfer et peuvent revenir sur terre pour attaquer leurs ennemis.

4.12. Les traditions mexicaines

La façon dont la culture mexicaine traite la mort et le décès est différente de ce à quoi beaucoup de gens sont habitués. Plutôt que de fuir le sujet de la mort, la tradition mexicaine l'aborde ouvertement et honnêtement. Vous pouvez observer cette différence dans la célébration mexicaine connue sous le nom de "Jour des morts".

Chaque année, le 2 novembre, les gens célèbrent la vie de ceux qu'ils ont perdus. Ils offrent de la nourriture, des bougies et des crânes en sucre à leurs chers disparus, et peuvent même danser au son d'un orchestre funéraire mexicain.[35]

Dans la culture mexicaine, il est courant d'organiser une veillée mortuaire, ou veillée funèbre, immédiatement après un décès.

---

[35] Sarah Kessler, gâteau, 'Mexican funerals : Traditions, coutumes et ce à quoi il faut s'attendre " https://www.joincake.com/blog/mexican-funeral-what-to-expect/

Le corps est présent lors de la veillée, et la famille l'entoure dans la prière jusqu'à quarante-huit heures consécutives.

La famille ou les amis de la famille peuvent servir de la nourriture à la veillée dans une pièce séparée. Il peut même y avoir des jeux comme les dominos. Les visiteurs sont encouragés à passer du temps dans les deux espaces. Ils peuvent ainsi présenter leurs condoléances, se joindre à la famille dans la prière et célébrer la vie du défunt.

La veillée n'est pas une affaire sombre, mais une affaire bruyante et sociale. Les enfants y participent et écoutent des histoires sur le membre de la famille qui est décédé.

Les funérailles mexicaines du passé étaient davantage axées sur la célébration que sur le deuil. La mort était considérée comme le début d'un nouveau voyage, plutôt que la fin d'un seul voyage.

Après un décès, les membres de la famille sont chargés de veiller à ce que l'être cher ne tombe pas dans l'oubli. Ils s'acquittent de cette responsabilité en se rendant chaque année sur la tombe et en célébrant le jour des morts et la fête de toutes les âmes.

Des rituels de deuil spéciaux et supplémentaires ont lieu dans les premiers jours et mois suivant un décès. La famille prie traditionnellement pour l'être cher pendant neuf jours.

4.13. Réflexion sur les différentes coutumes et pratiques

Avant d'aborder mes réflexions sur les traditions susmentionnées, permettez-moi de noter à nouveau que mes observations se sont limitées à certaines des coutumes qui me sont venues à l'esprit.

Bien sûr, il y en a beaucoup d'autres que je n'ai pas inclus, et ceux que j'ai examinés n'ont pas eu le même traitement. Comme il ne s'agit pas d'une thèse de doctorat, mais simplement d'un aperçu général, j'accepterai toutes les critiques.

[Si quelqu'un estime qu'il pourrait et voudrait faire mieux, je suis tout à fait disposé à remplacer ce chapitre par le vôtre dans une future édition révisée. ED.]

Le premier point à noter est que de nombreuses traditions considèrent la mort comme le moment à partir duquel tout ce que nous avons fait dans notre vie et au moment de la mort (et pour certains, juste après) est totalisé et utilisé pour décider de notre sort.

Dans certaines traditions, même ceux parmi les vivants qui sont présents juste avant ou après le moment du décès font une différence.

Par conséquent, si vous pouvez rendre visite à une personne mourante et trouver les bonnes choses à dire ou à faire, vous pouvez faire une énorme différence pour cette personne dans ses derniers moments sur cette terre (sous cette forme).

Et en leur offrant ce cadeau incroyable, cela rendra leur décès beaucoup plus facile à gérer pour vous-même et peut-être même pour les autres autour de vous.

C'est dans les moments qui suivent la mort que l'on observe le plus de différences dans les rituels et les rites.

S'attacher à suivre ces étapes traditionnelles présente de nombreux avantages interdépendants. Elle permet de concentrer l'esprit et d'empêcher les émotions d'occuper le devant de la scène ; elle rapproche la famille et les amis, voire la communauté au sens large ; elle donne un sens à un moment qui peut sembler dénué de sens ; et elle crée souvent un espace dans lequel le soutien émotionnel et pratique nécessaire peut être offert.

Cependant, c'est sur le lien avec l'âme des nouveaux défunts que l'on trouve les croyances les plus polarisées.

Est-ce une bonne ou une mauvaise chose d'essayer d'être en contact avec l'essence éternelle de quelqu'un ?

Pour certains, c'est très dangereux. L'âme pourrait être détournée de son voyage vers la prochaine partie du chemin. Si elle se bloque ici sur terre, de mauvaises choses pourraient lui arriver, et de mauvaises choses pourraient arriver *à cause d'*elle. Et pourtant, il existe diverses raisons pour lesquelles l'âme ne trouve pas la paix qu'elle désire si profondément et peut revenir nous hanter.

À l'autre extrémité du spectre des croyances, nos ancêtres sont nos confidents et nos protecteurs - toujours là, des anges gardiens qui prennent soin de nous et veillent sur nous, même depuis la tombe.

En outre, il existe un certain nombre de systèmes de croyance selon lesquels, une fois qu'une personne a quitté son corps physique, il n'y a plus de possibilité de contact. Ceci est important pour ceux qui ont manqué l'occasion de compléter correctement notre relation avec le défunt.

Enfin, la plupart de ces traditions intègrent une période de deuil, souvent assortie d'un système de soutien émotionnel et pratique pour les membres de la famille proche.

5. Les cinq étapes du deuil selon Kübler-Ross

Ce chapitre est basé principalement sur deux sources : Elisabeth Kübler-Ross : The Rise and Fall of the Five Stages of Grief " par Lucy Burns,[36] et " The Five Stages of Grief.

---

[36] Elisabeth Kübler-Ross : The Rise and Fall of the Five Stages of Grief', Lucy Burns, *BBC News*, 3 juillet 2020. https://www.bbc.com/news/stories-53267505. Consulté le 30.08.2020.

An Examination of the Kübler-Ross Model ", article de Christina Gregory, PhD,[37] Jason M Holland, Elisabeth Kübler-Ross. [38]

Je dois souligner que, bien que la plupart des approches psychologiques soient vraies et valables, et que je reconnaisse que l'utilisation de ce modèle a certainement aidé de nombreuses personnes, ce n'est pas mon modèle et je ne suis donc pas d'accord avec tout ce qui est écrit ci-dessous.

Cependant, j'ai inclus ces informations pour que vous, cher lecteur, compreniez ces idées si elles vous sont utiles.

---

[37] The Five Stages of Grief, An Examination of the Kubler-Ross Model, Christina Gregory, PhD
https://www.psycom.net/depression.central.grief.html
Consulté le 30.08.2020
[38] Jason M Holland, Elisabeth Kübler-Ross, Chapitre, DOI : 10.13140/RG.2.1.3863.2401
TNWellnessCenter.com LifeSparkWeekly.com, février 2014
file:///D:/Living%20in%20the%20Real%20World/Vol%203/The%20K%C3%BCbler-Ross%205%20Stages%20of%20Grief/Holland2014.pdf.
Consulté le 30.08.2020.

Après tout, nous sommes tous différents et avons chacun notre façon de faire face à une perte.

Ce qui conduit logiquement à la possibilité que, comme indiqué, ce modèle puisse vous être utile.

Lorsque la psychiatre suisse Elisabeth Kübler-Ross s'est installée aux États-Unis en 1958, elle a été choquée par la façon dont les hôpitaux dans lesquels elle travaillait traitaient les patients mourants.

Tout était énorme et très dépersonnalisé, très technique", a-t-elle déclaré à la BBC lors d'une interview en 1983. Les patients en phase terminale étaient littéralement laissés seuls. Personne ne leur parlait.

Elle a commencé à animer un séminaire pour les étudiants en médecine de l'université du Colorado.

Ce séminaire comprenait des entretiens qu'elle avait menés avec des mourants et au cours desquels elle leur demandait ce qu'ils pensaient de la mort.

Ces entretiens ont abouti en 1969 à un livre intitulé *On Death and Dying* .[39] Elle y décrit la façon dont les patients parlent de la mort, puis examine comment améliorer les soins de fin de vie. Kübler-Ross a décrit cinq états :

Déni : "Non, pas moi, ça ne peut pas être vrai".

Colère : "Pourquoi moi ?

Négociation : Tenter de retarder la mort par une "bonne conduite".

La dépression : Une réaction à leur maladie et une préparation à la mort.

---

[39] Elisabeth Kübler-Ross, *On Death and Dying*, The Macmillan Company, 1969.

Acceptation : "Le dernier repos avant le long voyage.

Elle décrit ces états comme des "mécanismes de défense... des mécanismes d'adaptation pour faire face à des situations extrêmement difficiles".

Si chaque étape fait l'objet d'un chapitre dans le livre, un graphique en décrit beaucoup d'autres, notamment le choc, le deuil préparatoire et l'*espoir*.

Son fils, Ken Ross, affirme qu'elle n'a jamais adhéré à l'idée qu'il fallait les vivre dans un ordre particulier.

Et pourtant, ce sont ces cinq étapes que la plupart des gens connaissent et qui sont devenues une sorte de norme lorsqu'il est question du processus de deuil.

Les gens pensent souvent que les étapes durent des semaines ou des mois, mais ces réponses aux sentiments peuvent ne durer que quelques heures ou minutes, car nous passons d'une étape à l'autre. Souvent, nous ne remarquons pas quand nous parvenons à libérer notre douleur, mais nous sommes plutôt conscients des moments de souffrance sur le moment et ignorons inconsciemment les moments de calme.

Ci-dessous, chaque étape est abordée plus en détail. Prenez ce qui vous semble utile pour vous-même et ignorez ce qui ne l'est pas.

5.1. Déni de responsabilité

Il s'agit de la première des cinq étapes du deuil et elle nous aide à survivre à la perte.

À ce stade, le monde devient insignifiant et accablant. La vie n'a aucun sens. Nous sommes en état de choc et de déni. Nous sommes engourdis.

Le déni nous aide à rythmer nos sentiments de chagrin. Il y a une grâce dans le déni. C'est la façon qu'a la nature de ne laisser entrer que ce que nous pouvons supporter.

Lorsque nous acceptons la réalité de la perte et commençons à nous poser des questions, nous entamons sans le savoir le processus de guérison. Nous devenons plus forts, et le déni commence à s'estomper. Mais à mesure que nous avançons, tous les sentiments que nous refusions commencent à faire surface.

5.2. Colère

La colère est une étape nécessaire du processus de guérison.

Nous devons être prêts à ressentir notre colère, même si elle peut sembler sans fin. Plus nous la ressentons vraiment, plus elle commencera à se dissiper et plus nous guérirons.

Il y a beaucoup d'autres émotions sous la colère que nous éprouvons dans le temps, mais la colère est l'émotion que nous avons le plus l'habitude de gérer. [Je trouve moi aussi que c'est une vérité importante - Ndlr].

La colère n'a pas de limites. Elle peut s'étendre à nos amis, à nos médecins, à notre famille, à nous-mêmes et à l'être cher qui est mort, mais aussi à Dieu.

Sous la colère se cache la douleur. Il est naturel de se sentir délaissé et abandonné, mais nous vivons dans une société qui a peur de la colère. La colère est une force et elle peut être une ancre, donnant une structure temporaire au néant de la perte.

Nous savons généralement mieux comment réprimer la colère que comment la ressentir. Et pourtant, la colère n'est qu'une indication supplémentaire de l'intensité de notre amour.

5.3. Négociation

Après une perte, le marchandage peut prendre la forme d'une trêve temporaire.

Et si je consacrais le reste de ma vie à aider les autres ? Je pourrais alors me réveiller et me rendre compte que tout cela n'était qu'un mauvais rêve...". [Ce n'est pas quelque chose que j'ai rencontré dans ma pratique].

La culpabilité est souvent le compagnon de la négociation. Les "si seulement" peuvent nous amener à nous critiquer et à nous *reprocher* ce que nous aurions pu faire différemment.

[La culpabilité peut être un obstacle majeur à l'auto-guérison - et un marchandage intérieur visant à faire quelque chose pour compenser nos déficiences peut contribuer à nous faire avancer sur notre chemin de perte et de douleur. - voir ci-dessous.]

5.4. Dépression

Après la négociation, notre attention se porte directement sur le présent.

Des sentiments vides se présentent, et le chagrin entre dans nos vies à un niveau plus profond, plus profond que nous ne l'avions jamais imaginé. Cette phase dépressive donne l'impression qu'elle va durer éternellement.

Il est important de comprendre que cette dépression n'est pas un signe de maladie mentale. [Une information très, très précieuse].

C'est la réponse appropriée à une grande perte.

La dépression après une perte est trop souvent considérée comme anormale : un état à réparer, quelque chose dont il faut se défaire.

Pourtant, la perte d'un être cher est une situation très déprimante, et un certain sentiment de dépression est une réponse normale et appropriée ; ne pas ressentir de dépression après la mort d'un être cher serait inhabituel.

[J'ajouterais toutefois qu'il ne faut jamais oublier qu'une relation, même avec un membre de la famille proche, peut ne pas avoir été aussi étroite que nous l'admettons, ce qui peut nous laisser un sentiment de trouble de ne pas avoir ressenti et exprimé autant de tristesse que prévu].

Si le deuil est un processus de guérison, la dépression est l'une des nombreuses étapes nécessaires à ce processus.

5.5. Acceptation

L'acceptation est souvent confondue avec la notion d'être "bien" ou "OK" avec ce qui s'est passé. Ce n'est pas le cas.

Certaines personnes ne se sentent jamais bien après la perte d'un être cher. [Je n'en suis pas si sûr - sauf dans des situations pathologiques].

Cette étape consiste à accepter la réalité de la disparition physique de l'être cher et à reconnaître qu'elle est permanente. Nous n'aimerons jamais cette réalité, mais nous finirons par l'accepter. [Je ne trouve vraiment pas cette réflexion utile].

Nous apprenons à vivre avec. C'est la nouvelle norme. Nous devons essayer de vivre dans un monde où l'être aimé a disparu. [Ok avec ça].

Certains résistent à cette nouvelle norme, voulant conserver la vie telle qu'elle était avant le décès de l'être cher. Avec le temps, nous nous rendons compte que nos vies ont été changées à jamais et que nous devons nous réajuster.

Trouver l'acceptation peut consister à avoir plus de bons jours que de mauvais. [C'est une partie normale du processus de guérison.]

Lorsque nous recommençons à vivre et à profiter de notre vie, nous pouvons avoir l'impression de trahir l'être aimé. [Cela peut arriver, mais ce n'est pas le cas de tout le monde et c'est une pré-acceptation].

Au lieu de nier nos sentiments, nous écoutons nos besoins ; nous bougeons, nous changeons, nous grandissons, nous évoluons. Nous pouvons commencer à aller vers les autres et à nous impliquer dans leur vie. Nous pouvons investir dans nos amitiés et dans notre relation avec nous-mêmes.

Pour recommencer à vivre, nous devons donner au deuil son temps.

Comme vous l'aurez remarqué, je ne suis pas d'accord avec certaines des positions proposées ici, bien qu'il y ait de nombreux points d'intérêt valables.

Ils ont été évoqués dans des séries télévisées, de *Star Trek* à *Sesame Street*, parodiés dans des dessins animés et ont inspiré des centaines de musiciens et d'artistes.

Des milliers d'articles universitaires ont été rédigés pour appliquer ces étapes à un large éventail d'expériences émotionnelles, allant des athlètes confrontés à des blessures mettant fin à leur carrière aux consommateurs d'Apple réagissant à l'iPhone 5.

Ces étapes sont également utilisées comme outil de gestion : la courbe de changement de Kübler-Ross est utilisée par de grandes entreprises, de Boeing à IBM en passant par la BBC, pour aider leurs employés à traverser les périodes de changement.

Ce qui valide de nombreux aspects de leur approche.

C'est une feuille de route", explique George Bonanno, professeur de psychologie clinique et directeur du laboratoire Loss, Trauma and Emotion de l'université Columbia. Lorsque les gens souffrent, ils veulent savoir "Combien de temps cela va-t-il durer ? Que va-t-il m'arriver ?" Ils veulent quelque chose à quoi se raccrocher. Et le modèle des étapes leur donne cela.'

Mais cette approche peut faire plus de mal que de bien. Les personnes qui ne passent pas par ces étapes - et d'après ce que je sais, c'est le cas de la plupart des gens - peuvent être amenées à croire qu'elles ne font pas leur deuil correctement", affirme-t-il.

Il dit avoir vu de nombreux exemples au fil des ans de personnes "qui supposaient qu'elles devaient se sentir d'une certaine manière.

Ou que leurs amis et leurs parents supposaient qu'elles devaient se sentir d'une certaine manière, mais ce n'était pas le cas, et les gens suggéraient qu'elles devraient peut-être consulter un thérapeute".

Critique et controverse

Un certain nombre de théoriciens et de chercheurs spécialisés dans les questions de fin de vie ont vivement critiqué le modèle de Kübler-Ross, soulignant que les personnes qui vivent une perte ne passent pas par un ensemble linéaire d'étapes et que les réactions à la perte sont aussi diverses que les personnes qui les vivent. D'autres ont souligné l'incohérence entre la théorie des étapes et les recherches plus contemporaines qui suggèrent que la plupart des personnes qui vivent la perte d'un être cher sont assez résilientes et font état d'une symptomatologie dépressive et de deuil minimale.

Pour sa défense, elle a répondu : "Ce sont des réponses à la perte que beaucoup de gens ont, mais il n'y a pas de réponse typique à la perte, comme il n'y a pas de perte typique. Notre chagrin est aussi individuel que nos vies" (p. 7).[40]

Dans une autre étude de la théorie des étapes menée par Jason Holland et Robert Neimeyer en 2010,[41] des différences marquées ont été constatées chez les personnes ayant subi des pertes de causes naturelles et violentes. Plus précisément, l'acceptation s'est avérée être la réponse dominante pour les personnes endeuillées par des causes naturelles, quel que soit le temps écoulé depuis la perte.

---

[40] Kübler-Ross, E., et Kessler, D. *On Grief and Grieving : Trouver le sens de la*
Le deuil à travers les cinq étapes de la perte. New York, NY : Scribner, 2005.
[41] Holland, J. M., et Neimeyer, R. A. (2010). An examination of stage theory of grief among
les personnes endeuillées par des causes naturelles et violentes : Une approche axée sur le sens
contribution'. *Omega : Journal of Death and Dying,* 61, 103-120.

Nous en revenons donc à l'affirmation selon laquelle, bien qu'il existe de nombreux thèmes et processus communs dans l'expérience du deuil, l'individu et le contexte jouent un rôle majeur dans la progression d'une personne vers l'auto-guérison.

6. Nous ne sommes pas tous les mêmes.

La faiblesse du modèle de Kübler-Ross et des autres modèles qui l'ont suivi est qu'ils imaginent que presque tout le monde va gérer sa perte de la même manière.

Bien qu'il faille souligner que Kübler-Ross elle-même était consciente que "il n'y a pas de réponse typique à la perte, car il n'y a pas de perte typique. Notre chagrin est aussi individuel que nos vies", (voir ci-dessus).

Comme nous l'avons vu dans le chapitre sur les différentes sociétés et traditions, il existe déjà de grandes variations dans la manière dont des groupes entiers traitent la mort et le deuil.

Si l'on prend en compte les différences d'attitudes, de valeurs et de rituels familiaux, on peut multiplier ce chiffre de façon considérable.

Si l'on ajoute à cela les variations individuelles dont nous faisons tous preuve, l'idée que la plupart des gens suivent plus ou moins les mêmes chemins pour faire face à leurs pertes devient pour le moins improbable.

Oui, il existe, comme on l'a vu, des normes et des attitudes culturelles très claires concernant la perte, et nous constatons que la plupart des personnes qui sont en contact avec ces pratiques les observent.

En partageant ces pratiques traditionnelles, nous respectons ceux qui sont décédés, nous soutenons ceux qui continuent et nous nous donnons une structure sur la façon de procéder.

Cependant, aussi solennelles, joyeuses ou cathartiques que puissent être ces manifestations publiques, elles ne garantissent en aucune façon que cela corresponde à ce dont l'individu a besoin pour que son processus de guérison personnel se déroule.

Dans mon travail en construisant du IP (Inner Parenting) - [Volume 4 de ce series] , j'ai pu identifier environ 150 approches et stratégies d'adaptation différentes.

En fonction de la personne, de ses forces et faiblesses innées, de son éducation, de son environnement et des événements de sa vie, elle aura son propre ensemble, plus ou moins individualisé, de cinq modes de fonctionnement principaux, de caractéristiques et de stratégies d'adaptation.

Bien sûr, elles peuvent être affinées et étendues, mais dans l'immédiat, à très court terme, c'est tout ce dont nous disposons pour gérer notre vie quotidienne, y compris les situations de perte et de deuil.

Lauren J. Breen et Moira O'Connor, dans leur très intéressant article intitulé "The Fundamental Paradox in the Grief Literature a Critical Reflection" (Le paradoxe fondamental dans la littérature sur le deuil - une réflexion critique), examinent l'incohérence entre "la reconnaissance du fait que chaque expérience de deuil est unique et dépend de nombreuses variables, telles que les circonstances du décès, les caractéristiques de la personne endeuillée, sa relation avec le défunt, l'offre et la disponibilité d'un soutien, et une myriade de facteurs socioculturels" et "les conseillers en matière de deuil... [qui] s'appuient principalement sur les modèles des étapes/phases/tâches/processus dans leur travail".

[qui]... s'appuient principalement sur des modèles d'étapes/phases/tâches/processus dans leur travail".

C'est pourquoi nous devons envisager de mettre en place une approche plus individuelle et personnalisée...

7. Vers une approche plus individuelle

Comme je l'ai suggéré, nous devons aborder la perte et le deuil (y compris toutes les pertes multiples non liées à la mort) d'un point de vue individualisé.

Il est vrai que tout le monde n'est pas pareil et que toutes les sociétés ne sont pas identiques, mais si nous n'avons pas de théorie cohérente sur la manière d'aborder la perte et le deuil, nous ne pouvons pas nous aider, ni aider les autres, à faire face à la douleur et à la souffrance qu'engendre la perte.

Au cours de mes vingt ans de carrière en tant que thérapeute, j'ai appris que pour réussir, je dois d'abord entrer dans le monde de mon patient - comprendre ce qui se passe pour lui, me rendre compte de ce qui le perturbe, avant de le classer dans une catégorie quelconque ou de réfléchir à l'approche thérapeutique la plus appropriée.

Avant de pouvoir déterminer comment nous aider ou aider ceux qui nous entourent, nous devons rechercher les faits, la réalité et la vérité.

Les faits, la réalité et la vérité ?

D'accord, j'aime les mots et j'ai perdu beaucoup trop de temps à lire des dictionnaires dans ma jeunesse, mais ai-je vraiment besoin d'énumérer "les faits, la réalité, la vérité" ?

En fait, nous le faisons.

7.1. Les faits

Cette partie devrait être assez simple. Il s'agit de ce qui s'est passé.

Peut-être quelqu'un est-il mort - d'un cancer ou du COVID-19 ; ou à la suite d'une erreur médicale, d'un meurtre, d'un suicide, de la vieillesse. Peut-être qu'ils se sont lassés de la vie ...

Ou bien un projet a échoué à cause d'une faillite, de l'espionnage industriel ou d'une concurrence déloyale ; ou encore la personne s'est ennuyée et a désinvesti ...

Une relation s'est terminée - parce que l'un des partenaires a couché avec son meilleur ami, parce que l'un des partenaires ne supportait plus le désordre ou le retard de l'autre, ou parce que l'un des deux s'ennuyait ...

7.2. La réalité

La réalité ajoute beaucoup plus de détails et de nuances.

Tout d'abord, la vie est multifactorielle ; il y a rarement une raison unique pour laquelle quelque chose se produit.

La réalité prend en compte les faits et points de vue supplémentaires.

Une personne meurt d'un cancer, mais quels autres détails sont pertinents ?

Y avait-il des antécédents de ce type de cancer dans leur famille ?

Pouvaient-ils se permettre des consultations médicales régulières et appropriées?

Ont-ils été soutenus par les membres de leur famille et leurs amis proches pour consulter aussi régulièrement qu'ils le devraient ?

Leur médecin, leur médecin traitant ont-ils vérifié de manière appropriée les signes de cancer ?

S'ils ont remarqué quelque chose, ont-ils fait tous les bons tests ?

Lorsque le cancer a été confirmé, comment ont-ils été traités, professionnellement et personnellement ?

Comment le cancer a-t-il évolué, tant d'un point de vue médical que personnel ?

Comment s'est passée la fin ? Était-elle douloureuse ou sereine ?

Tous ces facteurs doivent être reconnus si nous voulons avancer dans le processus et atteindre l'étape finale.

7.3. La vérité

La vérité fait référence à la vérité personnelle, voire secrète, de nos sentiments à l'égard de ce qui s'est passé.

Pour chaque étape d'une histoire, comme dans l'exemple du cancer, nous allons éprouver une réaction émotionnelle, avoir des sentiments, des expériences et des pensées.

Même si nous avons connaissance de ces événements plus tard, ils peuvent toujours nous affecter.

Trop souvent, le sentiment d'impuissance naît du fait que nous ne sommes pas conscients de quelque chose sur le moment, et que nous sommes ensuite incapables d'y faire quoi que ce soit.

Et puis il y a le problème de ne pas être en phase avec les choix ou les réactions des autres.

J'ai eu une fois un patient dont le père était sous assistance respiratoire, et lui et ses sœurs devaient décider s'il fallait maintenir le père en vie ou le laisser mourir.

Ayant l'esprit pratique, il pense que l'heure est venue pour son père et parvient à convaincre sa jeune sœur. Malheureusement, sa sœur aînée ne veut pas entendre parler d'une telle idée et est prête à aller au tribunal pour l'en empêcher.

Le pauvre homme était en proie à un conflit intérieur qui l'empêchait de faire ce qu'il fallait ; il avait le sentiment que son père souffrait inutilement, mais il était conscient du coût de son maintien en vie.

S'ajoute à cela le fait qu'il est également en conflit avec sa sœur aînée depuis la mort de leur mère.

Ce n'est qu'en parcourant tous les détails de la vie de cet homme et de sa relation compliquée avec sa sœur qu'il a pu lâcher prise - non pas sur son père, mais sur son rôle d'"homme de la famille".

Lors d'une séance de thérapie familiale, il a reconnu le droit de sa sœur - en tant qu'aînée de la fratrie - de diriger le processus de décision concernant le sort de leur père.

Peu de temps après, son état s'est aggravé et il est mort paisiblement dans son sommeil.

Les funérailles ont été qualifiées de magnifiques, avec des frères et des sœurs en harmonie avec eux-mêmes et entre eux.

8. Toutes les pertes ne sont pas égales

Un sujet qui semble faire cruellement défaut dans la réflexion sur la perte et le deuil est celui de la relation entre la personne et "ce qui a été perdu".

Puisque ce travail vise à englober non seulement la perte et le chagrin dus au décès d'un proche, mais aussi d'autres formes de perte et de chagrin, j'ai choisi d'utiliser le terme plus générique de "ce qui a été perdu".

8.1. Votre relation avec ce qui est perdu.

Nous examinerons plus tard en détail nos différentes réactions face à la perte.

Ici, nous nous concentrerons sur la personne ou la chose elle-même.

Afin que la discussion soit moins chargée pour ceux d'entre vous qui ont perdu un proche, je prendrai comme exemple la situation d'une perte d'emploi.

Bon - Vous avez perdu votre emploi...

8.1.1. Un travail temporaire

Oui, cela peut sembler être un peu de la triche, mais il existe dans la vie des situations où nous nous lançons dans des relations de travail sans réel investissement à long terme.

Vous avez peut-être été contacté par un collègue, ou vous êtes intervenu pour couvrir un poste au sein d'un comité ou d'une association.

Lorsque ces relations prennent fin, vous pouvez ressentir des sentiments négatifs, mais ils seront probablement légers et de courte durée.

Après tout, il est probable que d'autres emplois temporaires similaires puissent être trouvés.

À plusieurs moments de ma vie, j'ai travaillé pour des agences d'intérim. Certains emplois ont bien marché, d'autres pas, mais un ou deux - pas du tout. Personne ne s'en souciait vraiment.

Et quand j'ai un nouveau patient, les deux premières séances consistent à évaluer si nous sommes compatibles. La plupart du temps, c'est le cas, mais pas toujours. À ce stade, aucun de nous n'a investi lourdement et si nous ne procédons pas, il n'y a pas de souffrance.

8.1.2. Un emploi à durée déterminée ou un remplacement

Ici, l'investissement est susceptible d'être plus élevé parce qu'il peut y avoir un espoir ou une petite attente que cela puisse potentiellement mener à un poste permanent. L'idée a peut-être été évoquée ou suggérée par votre employeur.

Dans le monde des relations, on observe souvent ce phénomène lorsqu'une personne se retrouve dans la "zone d'amis" alors qu'elle souhaite quelque chose de plus, mais que l'autre partie n'a pas les mêmes aspirations.

Par exemple, le partenaire romantique de la personne en question peut ne pas être disponible pour un événement et l'"ami" est invité à le remplacer, qu'il s'agisse d'un dîner d'affaires, d'une grande fête de famille ou d'un événement social important.

Bien qu'il puisse y avoir un investissement émotionnel, il n'existe que dans le fantasme que quelque chose de plus va découler de cette opportunité ; ce n'est encore qu'une construction mentale, une forme de rêverie. En général, l'"ami" est capable de s'en sortir sans trop de difficultés lorsque rien ne se passe.

8.1.3. Une période d'essai

De nombreux types d'emplois dans de nombreux pays prévoient une sorte de période d'essai ou de test avant l'entrée en vigueur d'un contrat complet.

On pourrait assimiler cela à deux personnes qui emménagent ensemble, mais qui conservent leurs deux appartements.

Il y a un espoir et une attente que les choses fonctionnent et continuent, mais une reconnaissance que ce n'est pas définitif.

Cette compréhension de la possibilité que les choses ne fonctionnent pas est un puissant facteur de protection lorsque ce n'est pas le cas.

8.1.4. Une résiliation anticipée inattendue

C'est lorsque l'on a laissé tomber ses défenses. On s'attend raisonnablement à ce que les choses se mettent en place. On est encore probablement dans une sorte de période de lune de miel et le choc et la déception sont réels et présents.

Cependant, votre investissement dans la relation n'a pas eu le temps d'atteindre l'investissement total que vous aviez prévu.

Peut-être n'avez-vous pas encore fait déplacer votre piano de la maison de vos parents à votre appartement en colocation.

La fin de la relation est mauvaise mais pas la pire en termes d'impact émotionnel.

8.1.5. Un licenciement à mi-parcours

Vous êtes employé depuis un certain nombre d'années et vos compétences ont été affinées en fonction de celles requises par l'entreprise, ce qui signifie que d'autres compétences que vous possédiez autrefois ont été oubliées ou sont dépassées. Vous considérez que l'entreprise fait partie de votre avenir à long terme.

Être viré à ce stade de sa carrière est un coup dur, vraiment dur.

L'idée de la recherche d'un emploi vous remplit d'appréhension et d'un sentiment d'impuissance.

Vous êtes peut-être marié, vous avez peut-être des enfants, vous êtes d'âge moyen et vous êtes sur le point de vous séparer. C'est probablement le pire des scénarios.

8.1.6. Un départ en fin de carrière

Vous avez passé la plus grande partie de vos années professionnelles à contribuer au développement de l'entreprise. L'idée de faire un autre travail, et les capacités requises pour le faire, sont depuis longtemps dépassées. La perspective de tout emploi futur à votre âge et avec vos compétences de plus en plus limitées est peu probable.

Vous êtes encore assez jeune pour trouver un autre partenaire, mais trop vieux et trop usé pour rassembler l'énergie nécessaire pour en trouver un et l'optimisme nécessaire pour réussir.

Ces situations peuvent certainement laisser un sentiment de perte et de désespoir.

8.1.7. S'ennuyer, s'ennuyer, s'ennuyer

Les raisons pour lesquelles vous n'avez pas l'impression d'avoir la liberté de quitter un emploi ennuyeux, ou de trouver la possibilité, l'opportunité et l'énergie de négocier avec succès avec vos employeurs pour trouver quelque chose de plus intéressant à faire, sont nombreuses et variées.

En Suisse, par exemple, si vous déposez votre préavis, vous serez condamné à trois mois d'indemnités de chômage pour avoir choisi de devenir une charge de l'État.

Le mariage et les relations à long terme peuvent trop facilement tomber dans la routine quotidienne du travail, des tâches ménagères et du lit, laissant le couple conscient que les choses pourraient être mieux, ou se demandant s'ils devraient se séparer.

Dans cette situation, le sentiment est plutôt un soulagement, avec peut-être une pointe de culpabilité parce que c'était souhaité. Peut-être avez-vous aidé l'autre à prendre cette décision par vos propres attitudes et comportements.

8.1.8. Abusé, victime, esclave

C'est quand le travail est devenu une torture quotidienne. Peut-être qu'il paie incroyablement bien, ou que c'est la seule usine de l'État, ou qu'il appartient à votre beau-père. Peu importe, ce qui est devenu terriblement clair, c'est qu'il est maintenant horriblement destructeur mais impossible de faire le choix de partir.

Lorsque votre partenaire ou votre parent commence à vous traiter de telle manière que le simple fait d'être en sa présence vous apporte de l'angoisse, voire de la panique, la possibilité de vous libérer de cette relation est comme le ticket gagnant pour posséder votre chocolaterie.

Votre avis de départ ou vos papiers de divorce ressemblent à une carte de sortie de prison.

8.2. La "santé" de ce qui est perdu

J'ai ajouté cette petite section dans laquelle vous pouvez réfléchir à la santé du projet ou de la personne.

Tout comme on peut choisir de s'engager dans une relation avec une personne qui a des difficultés ou un handicap quelconque, on peut aussi choisir de rejoindre une entreprise qui vient de démarrer ou qui souffre de difficultés administratives ou financières particulières.

D'autre part, une entreprise qui semblait solide lorsque vous avez postulé pour y travailler peut se retrouver en difficulté au fil du temps.

De la même manière, une relation peut avoir connu des difficultés évidentes dès le départ ou s'être détériorée au fil du temps.

On peut imaginer une situation où le départ n'est pas réaliste pour des raisons économiques, logistiques ou morales.

Là encore, la fin de la relation, qu'elle soit professionnelle ou privée, peut être un soulagement, même si l'on éprouve un sentiment de culpabilité en ayant l'impression d'avoir abandonné le navire en perdition.

8.3. Conclusion

J'ai exposé quelques-unes des différentes situations dans lesquelles la fin d'une relation - suite à la décision de quelqu'un d'autre - entraînera des réactions différentes.

Cela ne reflète en aucun cas qui vous êtes en tant que personne. Il s'agit plutôt d'exemples courants et de réactions communes à la plupart des personnes qui se sont trouvées dans ces situations ou dans des situations similaires.

Il faut ensuite ajouter à l'équation le type de personne que vous êtes et la manière dont vous réagissez à la vie, car ces deux éléments influent sur la manière dont vous êtes susceptible de vivre une perte et un deuil.

9. Une nouvelle vision de l'investissement, de la perte, du deuil et du rétablissement

Nous avons vu au chapitre 3 comment investir dans des personnes et des projets peut être visualisé comme le fait de prendre une quantité d'énergie de notre âme et de la "brancher" sur la source d'énergie extérieure d'une personne ou d'un objet.

Et comment cela apporte une énergie positive dans l'espace créé par un tel investissement.

Ce que nous n'avons pas examiné, c'est ce qui maintient nos énergies liées à ces sources, après tout rien ne nous apporte continuellement joie, satisfaction et apaisement de l'ego.

En fait, toutes les réactions émotionnelles et tous les besoins humains - amour, fierté, désir, plaisir, maîtrise, avidité, compétition, égoïsme, colère, culpabilité, responsabilité, justice, faiblesse, peur de la perte, générosité, etc. - peuvent être un moteur qui nous attire et renforce notre investissement dans l'objet en question.

Cependant, il ne faut jamais oublier que la vie est multifactorielle et en constante évolution.

Les éléments qui attirent et retiennent nos liens sont nombreux, variés et, dans une certaine mesure, éphémères.

Nombre de ces facteurs peuvent être classés en états émotionnels positifs et négatifs.

La différence entre les deux est fondamentale pour comprendre les difficultés que nous rencontrons lorsque nous libérons l'emprise de notre relation avec l'autre.

Lorsqu'on est obligé de se libérer de quelque chose qui nous apporte du plaisir et de la positivité, il faut accepter le manque que l'on ressent - tristesse, impuissance, vide.

En acceptant cela et en réabsorbant notre énergie, après un certain temps, elle sera à nouveau disponible pour nous afin que nous puissions la réinvestir dans quelqu'un ou quelque chose d'autre.

Combien d'entre nous ont vu une relation douloureuse se terminer, pour se retrouver, après la période de deuil, prêts à réinvestir dans une autre relation plus fructueuse ?

Il y a toujours des émotions "négatives". Que faisons-nous avec celles-ci ?

Comme indiqué plus haut dans la vision chamanique de l'univers, nos problèmes pourraient ne pas résulter uniquement de la perte du matériel de l'âme. Il existe aussi la menace de la contamination.

Dans ma vision de l'univers, cette contamination se trouve dans le fait de vivre avec des émotions négatives.

Quand on y pense, cela semble assez évident. Il s'agit simplement d'un cadre de référence différent.

Et si ces pensées et émotions négatives restent attachées ? Quel en est l'avantage ?

Imaginez que vous puissiez projeter votre négativité de vous-même vers l'autre. (Pour plus d'informations sur le mécanisme de défense de la projection, voir le chapitre 10).

Toutefois, pour libérer la relation, vous devez d'abord accepter que ces pensées et sentiments négatifs reviennent en vous.

Cela ne veut pas dire que chaque pensée ou sentiment négatif que nous avons à l'égard de quelqu'un ou de quelque chose n'est qu'un déni de nos fautes. Toutes les relations sont des co-constructions, et il y a des personnes et des situations qui nous causent de la douleur et de la souffrance qui ne sont pas (seulement) de notre faute ou de notre responsabilité.

La question n'est pas de savoir s'il s'agit de notre création ou non, mais plutôt qu'en libérant la relation et en retirant l'énergie de cette personne ou de cette situation, nous devons ensuite gérer la douleur de nos sentiments négatifs en nous-mêmes.

Il y a quelques années, ma femme et moi avons perdu un procès coûteux contre un architecte.

Nous étions clairement dans notre bon droit, mais l'expert "indépendant" a décidé de soutenir son collègue, et le juge n'a pas remis en question l'expert, même lorsque nous lui avons signalé certains problèmes de logique et de faits.

Nous n'avions pas les moyens financiers et notre assurance juridique avait réussi à se dérober à notre soutien. Nous n'avions donc pas d'autre choix que d'accepter le choc, la colère, l'injustice, l'impuissance et la juste indignation qui en résultaient.

Heureusement, nous étions deux, mais avaler tout cela après plusieurs années de lutte et de fortes attentes de victoire a été un exercice douloureux.

Nous avons également dû accepter que nous avions écouté et suivi les conseils de notre avocat, qui, rétrospectivement, étaient tout simplement erronés. En bref, dans une certaine mesure, c'était notre propre faute.

Cela me fait encore un peu mal quand j'y pense, mais j'ai plus ou moins tourné la page et laissé tomber.

Renvoyer ces "mauvaises" pensées et émotions en nous-mêmes, dans nos corps émotionnels, peut être pire qu'inconfortable, mais c'est seulement en acceptant de traiter et de réabsorber ces énergies que nous pouvons les recycler. Et elles peuvent alors redevenir disponibles pour de futurs projets.

Dans l'exemple ci-dessus, bien que nous ayons reconnu qu'il y avait du "mauvais" à l'extérieur - l'architecte n'a pas fait son travail, l'expert s'est rangé de son côté, le juge s'est rangé du côté de l'expert - nous avons également reconnu nos fautes dans le processus.

Nous avons accepté et suivi les conseils d'un avocat qui s'est trompé sur de nombreux points,

et nous avons accepté plutôt que de remettre en question les conseils qui nous ont été donnés.

Comme dans de nombreuses situations de la vie, nous sommes en partie responsables de notre propre situation.

Nous reviendrons sur ce thème au fil de notre voyage sur le chemin de l'acceptation et de l'auto-guérison.

10. IP et stratégies d'adaptation

Inner Parenting (IP),), l'un des multiples projets que je poursuis, est totalement par hasard, (honnêtement), assez similaire à la thérapie comportementale dialectique.

Le IP présente une différence majeure (oui, je suis tout à fait conscient que la plupart d'entre vous n'ont probablement jamais entendu parler de la TCD, mais cela n'a que peu d'importance pour cette section), à savoir une abondance de stratégies d'adaptation.

Les stratégies d'adaptation, dont le terme est, selon moi, explicite, se mettent en place dès la petite enfance.

Ils sont basés sur la combinaison de certaines tendances inhérentes, de l'environnement général et des réactions de cet environnement.

En tant que bébés, nous disposons d'un vaste éventail de stratégies possibles que nous pouvons utiliser pour obtenir ce dont nous avons besoin et ce que nous voulons, ou pour éviter ce qui est moins souhaitable.

Cependant, par essais et erreurs, nous trouvons les moyens qui donnent les meilleurs résultats, et nous nous y tenons.

Selon la théorie, lorsque nous quittons l'enfance, nous avons affiné nos stratégies d'adaptation pour n'en garder que quatre ou cinq, laissant de côté les moins efficaces.

Ceux dans lesquels nous avons désinvesti, ou n'avons jamais investi, deviennent de plus en plus difficiles à activer au fil du temps.

Une des fonctions de l'IP est de nous faire prendre conscience de la multitude de stratégies d'adaptation qui existent et de nous aider à trouver d'autres façons d'être qui seront plus fructueuses que nos choix limités dans certaines situations de la vie.

Je vous proposerai d'utiliser certaines de ces stratégies d'adaptation pour vous aider à progresser sur le chemin de l'auto-guérison.

En outre, vous serez en mesure de les mettre à la disposition d'autres personnes qui pourraient bénéficier de la découverte d'autres voies et moyens pour progresser sur leur propre chemin.

Dans ma propre pratique thérapeutique, en travaillant sur des situations réelles, j'ai défini bien plus d'une centaine de stratégies d'adaptation différentes.

Pour aider à les conceptualiser, j'utilise des images des archétypes, j'ai surtout choisi des professions dont les images doivent être largement représentatives de l'énergie et du message que je cherche à transmettre.

Par exemple, un enseignant conçoit les expériences de la vie comme des leçons, un funambule recherche l'équilibre, un horloger accorde une grande attention aux détails ...

La possibilité d'utiliser une ou plusieurs stratégies nous permet d'adopter une approche spécifique et individualisée de la thérapie.

L'IP est toujours un travail en cours, et je n'ai pas l'intention de prendre plus de place avec lui dans ce travail.

(Si vous souhaitez approfondir cette question, écrivez-moi).

Passons maintenant aux sections importantes de ce livre.

11. Les huit réactions les plus courantes à une perte

Je dois d'abord préciser, clairement et sans équivoque, que ce qui suit est une liste non exhaustive des réactions possibles que l'on peut avoir.

Certaines personnes n'en éprouveront que quelques-unes, d'autres toutes, d'autres encore aucune.

Ils peuvent apparaître dans n'importe quel ordre, pour n'importe quelle durée, peuvent aller et venir, et peuvent être de n'importe quel niveau d'intensité.

Dans une certaine mesure, chaque réaction peut être considérée comme nécessaire et saine, à condition qu'elle ne soit pas excessive ou ne perturbe pas indûment la vie normale d'une personne. Chacune peut être considérée comme une étape et une partie du processus d'intégration d'une perte.

Ce qui devrait être assez évident, c'est que plus la perte est importante, plus il est probable qu'il faudra du temps avant que la personne puisse à nouveau fonctionner normalement.

11.1. Choc, incrédulité et déni

Le choc, intégré au stade du "déni" de Kübler-Ross, est une réaction normale à toute nouvelle forte, négative et inattendue.

À l'extrême, on peut être tellement choqué que l'on vit un moment de "sidération", où l'on est littéralement paralysé par l'intensité de la réaction émotionnelle.

Dans le passé, les femmes s'évanouissaient souvent, bien que cela semble être passé de mode de nos jours.

L'incrédulité et le déni ne sont pas du tout synonymes l'un de l'autre.

L'incrédulité peut être une réaction tout à fait normale et saine à toute sorte de nouvelle inattendue.

Ce qu'elle engendre logiquement, c'est une forme de recherche méthodologique d'information et de confirmation.

Le déni apparaît lorsque les faits ne peuvent ou ne veulent pas être intégrés, ou sont mécréants.

Pour résumer :

Le choc est une réaction normale aux nouvelles ou expériences inattendues et peut entraîner des réactions intenses.

L'incrédulité est une réaction saine à la nouvelle d'un événement improbable et peut conduire à la recherche d'informations supplémentaires.

Le déni est un mécanisme de défense que nous mettons en place lorsque nous ne sommes pas encore capables d'accepter ou d'intégrer la perte ou toute autre information perturbante.

Et c'est donc uniquement sur ce sujet qu'il convient de réfléchir ici.

Cela nous donne également l'occasion d'examiner les mécanismes de défense en général, ainsi que leur utilisation et leur mauvaise utilisation par nos systèmes intérieurs.

11.1.1 Mécanismes de défense

Dans son article intitulé "Mécanismes de défense", Saul McLeod ([42]) note que c'est le grand Sigmund Freud qui a été le premier à concevoir le concept de mécanismes de défense, même si sa fille, Anna, a largement contribué à ce travail.

L'une de ces listes comprend : le déni, la répression, la projection, le déplacement, la sublimation, la régression, la rationalisation et la formation de réactions.

---

[42] McLeod, S.A. (2019, 10 avril). Les " mécanismes de défense ". *Simply Psychology* : https://www.simplypsychology.org/defense-mechanisms.html. Consulté le 21.09.2020.

Bien que, en tant que thérapeute systémique, je ne suive pas l'approche analytique, une compréhension et une appréciation des mécanismes de défense pourraient être pertinentes pour nous ici.

Le déni (proposé par Anna Freud) implique un refus d'accepter la réalité. Les événements extérieurs sont bloqués à notre conscience. Si une situation est trop difficile à gérer, la personne peut refuser de la percevoir ou nier son existence.

Répression est un mécanisme de défense inconscient employé par l'ego pour empêcher les pensées perturbatrices ou menaçantes de devenir conscientes. Les pensées souvent réprimées sont celles qui entraîneraient un sentiment de culpabilité.

La projection (proposée par Anna Freud) se produit lorsqu'un individu projette des pensées, des sentiments et des motifs indésirables sur une autre personne.

Le déplacement est la réorientation d'une impulsion (généralement l'agression) vers une cible de substitution impuissante. La cible peut être une personne ou un objet qui peut servir de substitut symbolique.

Sublimation (proposé par Anna Freud) est similaire au déplacement, mais a lieu lorsque nous canalisons nos émotions inacceptables dans des comportements constructifs et socialement acceptables, plutôt que dans des activités destructives. La sublimation est l'un des mécanismes de défense originaux d'Anna Freud.

La régression (aussi proposée par Anna Freud) se produit lorsque le moi revient à un stade antérieur de développement, généralement en réponse à des situations stressantes.

La régression fonctionne comme une forme de retraite, permettant à une personne de revenir psychologiquement à une période où elle se sentait plus en sécurité.

La rationalisation (proposée par Anna Freud) implique une déformation cognitive des "faits" afin de rendre un événement ou une impulsion moins menaçant. Nous le faisons souvent à un niveau conscient lorsque nous nous donnons des excuses pour nos actions et nos comportements.

La formation de réactions est un mécanisme de défense psychologique dans lequel une personne va au-delà du déni et se comporte de manière opposée à ce qu'elle pense ou ressent. Des comportements conscients sont adoptés pour surcompenser l'anxiété que la personne ressent face à ses pensées ou émotions inconscientes socialement inacceptables.

Je reviendrai sur certains de ces mécanismes de défense plus tard dans ce travail.

Cependant, nous n'en avons pas encore fini avec le problème du déni.

Je ne peux pas, je ne veux pas accepter ça. '

Ce n'est pas vrai, ça ne peut pas être vrai. '

Je ne te crois pas, tu me mens ! '

Si vous vous trouvez dans cet affreux purgatoire infernal, mon cœur s'ouvre à vous. C'est la réaction à la plus grande douleur et à la plus grande souffrance.

Avant tout, soyez indulgent envers vous-même.

Certaines parties de votre cerveau sont claires et conscientes de votre perte, mais d'autres se rebellent et refusent de laisser cette réalité impossible se solidifier.

Donnez-vous quelques jours ou semaines pour vous protéger de cette manière.

Il y aura des questions pratiques, juridiques et peut-être religieuses à traiter qui pourraient ressembler à une sorte de rêve brumeux.

Cependant - Ne signez rien qui ait trait à une procuration, à un héritage ou autre, car vous n'êtes pas dans votre état d'esprit normal et des personnes pourraient en profiter.

Comme nous l'avons vu ci-dessus, les différentes religions et traditions ont des périodes de deuil différentes.

Ces périodes de deuil ont été prévues pour les personnes qui subissent une perte importante, et qui leur donnent le temps de passer du déni à un état de régression.

Dans la section sur les mécanismes de défense, nous avons vu que la **régression** se produit lorsque l'ego revient à un stade de développement antérieur, généralement en réponse à des situations stressantes.

Alors, qu'est-ce que ça veut dire ?

Cela signifie que nous revenons à un état enfantin dans lequel nous voulons, nous avons besoin, nous nous attendons à être, à un niveau ou à un autre, pris en charge par d'autres personnes.

Lorsque nous sommes faibles ou malades - physiquement, mentalement ou émotionnellement - la régression peut être la réaction la plus appropriée.

Nous devons être en mesure de concentrer toute notre énergie sur la guérison des parties endommagées de nous-mêmes, ce qui signifie que bon nombre de nos responsabilités quotidiennes habituelles devront être assumées par d'autres.

Ces périodes de deuil peuvent être considérées comme un moyen de donner aux personnes endeuillées un temps et un espace protégés dans lesquels elles peuvent commencer à accepter et à intégrer la perte d'un être cher.

Dans l'idéal, il faut que l'on vous donne ou que vous preniez cet espace dans lequel vous êtes protégé des préoccupations habituelles du monde. Ainsi, vous pourrez commencer à accepter votre perte.

Le déni est la digue qui vous protège des inondations émotionnelles qui menacent de vous noyer.

Que ce soit la tristesse, la colère ou le désespoir, l'intensité de vos sentiments peut vous sembler très effrayante.

Il est également directement lié à la **répression** - "Je ne veux pas accepter ; je ne peux pas accepter". Sans le déni et la répression, le seul autre choix est l'expression. (N.B. La sublimation est souvent considérée comme une forme d'expression plus saine et indirecte.)

Dans les cultures occidentales industrialisées, l'expression d'émotions intenses, surtout chez les hommes, est encore souvent considérée comme anormale et inacceptable.

Pour certains, il y a aussi les limites du transfert des responsabilités quotidiennes à d'autres, et la question de l'image que l'on souhaite projeter.

Si vous avez l'impression d'être bloqué dans l'acceptation de votre perte, cela pourrait vous conduire dans un état inacceptable d'explosion émotionnelle ou, pire encore, d'implosion.

Il y a une histoire étrange, merveilleuse mais magnifique de Arnold Lobel dans sa très étrange collection Owl at Home ,[43] *Tear-Water Tea.*

De temps en temps, le Hibou est assis avec sa bouilloire sur les genoux et pense à toutes les choses tristes de son monde. Des larmes coulent sur ses joues et s'écoulent dans la bouilloire.

Quand il a assez pleuré, il réchauffe l'eau salée et se prépare un thé aux larmes. Bien qu'il soit salé au goût, il dit que "le thé aux larmes est toujours très bon". '

---

[43] Arnold Lobel, *Owl at Home.* Harper Trophy, 1975.

La capacité de prendre ce temps pour soi - de permettre à sa tristesse d'exister et de s'exprimer - est très importante.

Que ce soit avec un ami, un membre de la famille, un thérapeute, un conseiller, un arbre, lors d'une soirée disco, ou seul entouré de vos souvenirs, trouver cet espace aussi souvent que nécessaire peut être très, très important.

Et oui, je suis consciente que dans le monde réel, organiser cela n'est peut-être pas facile, mais vous avez besoin et méritez un espace protégé dans lequel vous pouvez vous sentir suffisamment en sécurité pour toucher votre douleur et permettre qu'au moins une partie d'entre elle s'exprime.

Même si vous refusez toujours de laisser la pleine force de la réalisation et de l'acceptation entrer dans votre conscience, libérer la tristesse et la douleur ne peut qu'aider.

Il est vrai qu'à certains moments de notre vie, nous ne pouvons tout simplement pas nous permettre de nous ouvrir à la douleur débilitante que peut provoquer une perte.

Il y a des moments où nous devons rester forts pour notre survie et celle de ceux qui nous entourent.

Jean-Claude Métraux, psychiatre à Lausanne, spécialisé dans le travail avec les immigrés et les personnes ayant subi des traumatismes, m'a présenté le concept de "deuil congelé" lors d'un de ses cours de formation au travail clinique avec les immigrés.[44]

Le deuil figé est souvent vécu par des immigrants qui ont échappé de justesse à la mort, et qui ont été témoins de la mort et de la destruction des personnes et des objets qui leur étaient les plus chers.

---

[44] Jean-Claude Métraux, *Travail clinique avec les immigrés'*, Formation : Association Appartenances, 2001.

En raison de leur statut souvent précaire en Suisse et du stress permanent de leur vie quotidienne, il leur faut parfois des années pour se sentir suffisamment en sécurité pour laisser tomber leurs barrières et se perdre dans leur traumatisme et leur chagrin.

Cependant, plus vous vous y accrochez, plus vous vous sentirez mal lorsque vous y accéderez enfin.

11.1.2. L'île du chagrin

En 2013, lors de la bar-mitsva de mon plus jeune neveu, j'étais assis dans le temple. N'étant pas capable de suivre le service, mon esprit a vagabondé jusqu'à la dernière fois où j'avais été dans une synagogue. C'était pour les funérailles de mon père.

Il y a un moment où l'on demande aux fils du défunt de quitter le temple et d'attendre dehors.

Mon frère aîné, Lloyd, et moi sommes allés nous asseoir et attendre ensemble pour la première fois depuis de très nombreuses années.

Nous avons parlé un peu de nos sentiments pour notre père, les bons et les moins bons côtés.

Depuis, lui aussi est décédé, mais je n'ai pas pu aller à son enterrement, ma femme était sur le point de donner naissance à notre fils, je ne pouvais pas être à deux endroits à la fois.

J'ai dû traiter sa mort à la hâte, à toute vitesse, de manière incomplète.

J'ai vraiment fait du bon travail, car j'ai pu être totalement disponible pour l'accouchement et la suite.

Cependant, assis sur les bancs durs du temple, je me suis remis à penser à Lloyd.

De comment je n'ai jamais complètement fait le deuil de cette perte.

Il était mon grand frère, mon protecteur, mon héros.

Beau, sûr de lui (du moins en apparence), ayant un succès incroyable auprès des femmes (je ne le suis pas du tout), gentil, généreux, sociable, champion d'athlétisme à l'école, batteur, acteur...

Oui, bien sûr, il avait ses démons et ses défis, mais ceux-ci ne sont apparus que plus tard dans sa vie, et je ne les ai jamais vus de près.

Et c'est à ce moment-là que j'ai commencé à imaginer ce qui se passerait s'il existait une île dédiée à donner aux gens le soutien et l'espace nécessaires pour faire leur deuil - l'île du deuil.

C'est un endroit où je me rendrais, peut-être pour passer un peu de temps en tant qu'assistant, pour aider d'autres personnes à faire face à leurs pertes.

En attendant ce jour, je me présentais à la prochaine place disponible, je m'ouvrais et me perdais dans mon chagrin.

J'ai d'abord voulu en faire une nouvelle, puis un chapitre de livre.

Cette histoire est désormais inscrite dans une série actuellement à moitié écrite qui s'étend déjà sur sept livres.

Cette série est dédiée à mon frère aîné Lloyd, à la perte que j'ai subie de lui, et à mon ultime... ce serait le dire, n'est-ce pas ?

11.2. Colère

La colère est l'une des émotions les plus complexes à gérer lorsqu'elle est liée au deuil, et pourtant, paradoxalement, l'une des plus faciles aussi.

Elle est complexe car elle tend à combiner plusieurs réactions et plusieurs objets.

Nous pouvons diriger notre colère contre d'autres personnes, contre la personne décédée, voire contre nous-mêmes.

La projection et le déplacement font également partie de cette équation, pour rendre les choses encore plus compliquées et intéressantes.

Je le répète, la vie est multifactorielle ; il y a toujours de nombreux éléments, même concurrents et opposés, en jeu dans chaque situation.

En outre, l'importance de chaque élément varie à tout moment.

La question de savoir si c'est dû à ceci ou à cela est une fausse question. La réponse est qu'à tout moment, cette chose ou cette autre ou quelque chose d'entièrement différent peut être plus important.

Une autre idée fausse possible est que les émotions sont uniques, ou mutuellement exclusives.

Comme si le fait de se sentir coupable de ne pas avoir agi de manière appropriée devait exclure tout sentiment possible de colère auto-dirigée. Or, ce n'est pas le cas.

Nous sommes capables de ressentir la tristesse de la perte d'une personne en même temps que la colère contre elle pour avoir pris un risque stupide et fatal.

Revenons aux trois "cibles" de la colère :

Autres

Si quelqu'un ou quelque chose a influencé la mort de quelqu'un, ou la fin de votre relation avec quelqu'un, ou a changé la qualité de leur vie à la fin, il est raisonnable que vous éprouviez une réaction négative à leur égard.

Le défunt

Ressentir de la colère envers quelqu'un parce qu'il ne s'est pas protégé de manière adéquate, parce qu'il vous a laissé dans un état de mal-être, parce qu'il vous a abandonné,... Oui, cela peut aussi évoquer la négativité.

Vous-même

Et si vous n'avez pas fait tout ce que vous pouviez ou deviez faire, vous auriez raison d'être en colère contre vous-même. (La culpabilité aussi, mais c'est pour plus tard).

11.2.1. Colère envers les autres

Il y a de bonnes raisons de ressentir de la colère envers les autres, et c'est une position facile à prendre en relation avec la mort d'un être cher.

Nous pouvons en toute sécurité pointer du doigt à un conducteur ivre, une infirmière dysfonctionnelle, un voleur violent, un installateur de services paresseux ou une multitude d'autres personnes.

(Sans oublier les cas où vous n'avez pas été informé de questions importantes).

Toutefois, avant d'aller trop loin sur ce sujet, nous devons rappeler deux de nos principes de base : la multifactorialité et les mécanismes de défense.

Multi-factoralité et responsabilité partagée

Cela signifie qu'il est probable que plus d'une personne ou d'un élément soit actif dans presque tous les événements.

Votre colère contre le conducteur ivre devra peut-être être nuancée par le fait que votre meilleur ami roulait à toute vitesse dans un virage sans visibilité à 2 heures du matin.

Peut-être que l'infirmière a mal lu les informations sur les médicaments après avoir fait un double service parce que l'infirmière qui était censée prendre la relève n'a pas pu venir et qu'il n'y avait personne d'autre pour la remplacer.

Ou bien le voleur était un adolescent qui se sentait terrorisé parce que son seul parent était en train de mourir et qu'il ne trouvait aucun moyen légal d'obtenir une autre aide ; il avait paniqué parce qu'il ne s'était jamais comporté de la sorte auparavant et avait accidentellement tué votre proche.

Ou peut-être est-ce vous qui avez trouvé un électricien bon marché qui travaillait à côté en utilisant tous les matériaux qu'il pouvait voler dans son travail !

La vie est complexe - ne l'oubliez pas.

Projection

Il faut vraiment faire attention à cela.

Si nous sommes en colère contre nous-mêmes mais que nous ne pouvons ou ne voulons pas assumer la responsabilité de notre propre rôle dans la situation, aucune agressivité, attaque ou punition de l'autre ne parviendra à soulager notre douleur et notre souffrance profondes.

En assumant sa part de responsabilité, on se donne les moyens de faire quelque chose et de se guérir. - Voir ci-dessous.

Une facette de la projection qui n'existe pas officiellement (une de mes nombreuses idées bizarres) est la *déviation*.

Déviation

Ce phénomène est similaire à la projection ou au déplacement dans la mesure où il prend les pensées et les actions inappropriées d'une personne et les projette sur une autre.

La différence est que le coupable n'est pas nous-mêmes mais quelqu'un d'autre que nous souhaitons protéger. Notre colère est détournée de cette personne au profit de quelqu'un avec qui nous sommes plus à l'aise pour assumer la responsabilité.

Il est important de se rappeler que nous avons affaire ici à des mécanismes *inconscients*. Il ne s'agit pas d'un roman policier bon marché où nous découvrons une intrigue compliquée et bien pensée.

Notre motivation est d'alléger notre propre souffrance par tous les moyens possibles.

Être en colère contre une tierce personne peut être bien préférable à se sentir mal à propos d'une personne dont nous sommes proches.

Ainsi, compte tenu de la possibilité de l'existence de nombreux facteurs différents et de la possibilité d'une faute partagée, nous pouvons maintenant examiner ce qui se passe lorsque nous sommes en colère contre une personne liée à une perte importante.

Dans cette situation, nous voulons qu'ils soient punis pour le mal qu'ils ont fait. Il y a plusieurs options :

Nous pouvons les dénoncer, et les livrer à la police et à la justice.

Nous pouvons informer leurs employeurs (si c'est lié au travail et qu'ils sont employés), peut-être même les poursuivre en justice.

Nous pouvons parler aux médias.

Nous pouvons parler à nos amis et à notre famille.

Nous pouvons leur écrire une lettre, en exprimant nos griefs.

Nous pourrions envoyer des copies de cette lettre à leur patron, aux RH ou à d'autres parties (en faisant toutefois attention aux répercussions sociales ou juridiques).

Nous pourrions publier quelque chose sur les médias sociaux (mais nous pourrions être poursuivis en justice !).

Ou

> Nous pourrions les affronter et décharger directement notre colère (tout en risquant des problèmes juridiques par la suite si nous les touchons ou leur causons un préjudice physique).

Il est parfaitement normal, naturel et même sain de laisser notre colère nous pousser à "passer à l'acte".

Parfois, ces stratégies fonctionnent. Nos critiques sont ratifiées, et il y a une certaine forme de validation et de compensation et/ou de punition.

Cependant, ce n'est pas toujours le cas. Dans certaines circonstances, il n'est pas réaliste ou même sûr de demander justice.

Parfois, le système, quel que soit son sens, refuse de donner suite à notre plainte, et/ou la personne ignore nos attaques.

Nous nous retrouvons alors non seulement avec notre colère initiale, "juste", mais aussi avec une bonne dose supplémentaire de déception et de frustration.

J'ai, j'ai eu, de très nombreux patients qui ont échappé à des régimes politiques dans lesquels les abus étaient soit institutionnalisés, soit activement ignorés, soit passivement autorisés.

Chercher la justice à quelque niveau que ce soit est devenu si dangereux que la seule action raisonnable était de partir.

Dans ces circonstances, à part le soutien aux groupes anti-gouvernementaux depuis l'exil (ce qui correspondrait, dans une certaine mesure, au premier groupe d'actions de choix), les seules autres stratégies d'adaptation efficaces sont basées sur la libération et l'acceptation.

Comme soutien possible pour ce défi et d'autres, j'ai pensé ajouter certaines des cartes de stratégie d'adaptation de l'IP.

Les cartes elles-mêmes se trouvent ci-dessous (- voir chapitre 13).

Le philosophe : L'approche philosophique dit que le monde peut être injuste. Cependant, cela peut jouer contre vous ou pour vous.

L'enseignant : L'approche éducative dit que la vie est une série de leçons, et nous demande de réfléchir à ce que nous pouvons en tirer pour grandir en tant qu'êtres humains.

Atlas : *L*'approche stoïque dit : je suis émotionnellement et mentalement plus fort que cela. Plus la vie essaie de m'écraser, plus je peux prouver ma ténacité et ma force d'âme. Ce qui ne me tue pas, me rend plus fort.

*Le gourou : L'*approche spirituelle dit que cette réalité n'est qu'une occasion de progresser et de grandir en tant qu'êtres spirituels. Plus la leçon est douloureuse et difficile, plus la croissance spirituelle dont nous bénéficions est grande.

Il est clair que certaines de ces approches parleront davantage à certaines personnes qu'à d'autres.

Il existe une autre approche que je propose à mes patients, en particulier lorsque la colère provient d'une forme d'abus personnel.

Je l'utilise le plus souvent dans les cas de viols où, pour une raison ou une autre, l'auteur a échappé à la justice.

Je qualifierais cela d'*"hypnose magique"*.

Dans notre pratique, régie par le système de santé suisse, nous sommes, (à juste titre), limités dans les types d'interventions thérapeutiques que nous sommes autorisés à entreprendre et qui décrètent celles qui sont couvertes par les compagnies d'assurance médicale.

Heureusement, l'hypnose fait partie de ces techniques reconnues.

Ayant été formé aux pratiques chamaniques, ayant vécu dans des communautés spirituelles et ayant lu sur la magie, mes connaissances et mon expérience vont bien au-delà de la formation standard.

Il n'existe aucune preuve empirique confirmant que le chamanisme, la spiritualité et la magie sont "réels" ou simplement des constructions psychologiques fondées sur un système de croyances.

Utilisons-nous des techniques purement hypnotiques mais en invoquant le pouvoir de la pensée magique ? Faisons-nous de la magie ou provoquons-nous simplement une réaction psychologique grâce au pouvoir de la suggestion hypnotique ?

Comme je doute que le système de santé suisse croie officiellement à la magie, j'espère qu'ils accepteront mon induction comme une stratégie hypnotique de plus.

Le concept de l'intervention est simple et moral.

La personne demande à l'univers d'envoyer à l'agresseur l'énergie négative que la victime a subie à cause des actions de l'agresseur.

À un certain niveau, ils font l'expérience que la négativité quitte leur corps et s'envole, dirigée par l'univers en quantité appropriée vers la personne qui la mérite.

11.2.2. Colère envers la personne

Cette situation est souvent beaucoup plus difficile à admettre pour les adultes. Cependant, il semble tout à fait normal que les enfants qui éprouvent des sentiments de perte et d'abandon dirigent leur colère contre la personne en question.

Comme dans tous les cas, il y aura une multitude de circonstances à prendre en compte.

Le niveau de responsabilité dans leur propre mort

Imaginez un groupe de personnes tuées au combat. L'une d'entre elles a été enlevée, droguée et forcée à se battre ; une autre a répondu à un appel sous les drapeaux ; une autre se battait pour un idéal ; et une autre s'est portée volontaire pour se battre parce qu'elle trouvait l'idée de partir à la guerre excitante. Chaque personne s'est battue et chaque personne est morte, mais leur responsabilité dans la situation qui a conduit à leur mort est différente.

Et les kamikazes de l'avion qui a détruit les tours jumelles, le pilote d'essai, le pilote de deltaplane et la personne qui est tombée d'un plongeoir en faisant l'idiot portent tous une part de responsabilité dans leur propre mort, à des degrés divers.

La quantité de souffrance pratique causée par la mort

Même si une personne n'est pas responsable de sa propre mort, elle peut quand même laisser un désordre derrière elle. Imaginez une mère qui laisse son mari qui travaille avec de jeunes enfants à charge et qui n'a aucune compétence parentale ou ménagère claire.

L'une de mes patientes n'avait jamais travaillé. Lorsque son mari est mort jeune, elle s'est retrouvée sans pension de veuve (trop jeune) et sans compétences professionnelles pour subvenir à ses besoins.

Mon père et mon frère sont tous deux décédés en laissant des dettes que ma mère a dû régler (je n'étais ni dans le pays ni au courant avant qu'elle n'ait tout réglé).

La quantité de souffrance psychologique causée par la mort

Lorsqu'une personne meurt avant d'avoir eu l'occasion de régler les problèmes en cours, les personnes qui restent peuvent se sentir en colère parce qu'il y a un travail inachevé.

Beaucoup d'entre nous ont connu ce genre de frustration lors d'une dispute ; l'autre partie quitte la pièce ou bloque le SMS/le courriel/l'appel.

Lorsque ce n'est pas pour un instant mais pour toujours, la frustration peut facilement se transformer en colère.

Considérations générales

La colère à l'égard d'une personne décédée est souvent le partenaire junior dans la multitude d'émotions ressenties.

Cependant, si nous nions, réprimons ou projetons ces sentiments, nous nous bloquons dans notre souffrance.

Notre énergie psychique/émotionnelle reste attachée à la personne ou à l'objet aussi longtemps que nous refusons d'accepter et d'accueillir nos sentiments négatifs en nous-mêmes. C'est seulement lorsque nous ramenons notre négativité dans notre propre être que nous pouvons commencer à la traiter et à libérer la partie malsaine de notre attachement à la personne décédée.

11.2.3. Colère dirigée contre soi-même

Parmi les trois formes de colère, la colère dirigée contre soi-même est souvent la plus difficile à gérer.

Là encore, il est probable qu'il y ait des éléments de culpabilité et des affaires inachevées en jeu.

Par exemple, j'avais des affaires inachevées avec mon père, ce qui a conduit à une colère auto-dirigée.

Si je n'avais pas été aussi lâche et si j'avais eu le courage de l'affronter quand j'en ai eu l'occasion, j'aurais peut-être pu régler certains de mes problèmes.

Je ne l'ai pas fait, mais je n'ai réalisé que j'avais manqué l'occasion que quelques années plus tard, lorsque je me suis enfin senti capable de m'attaquer à mes propres fantômes. Malheureusement, le premier d'entre eux était déjà parti.

J'éprouve également une certaine colère envers moi-même pour le manque de soutien que j'ai offert à mon frère au cours des dernières années de sa vie. Son partenaire était décédé d'un cancer du cerveau et, bien qu'il le cachât bien, il avait des problèmes financiers. Cela a suscité en moi un sentiment de culpabilité.

Ce que nous pensons avoir fait de mal, ou ce que nous pensons avoir dû faire mais n'avoir pas fait pour changer l'issue d'une situation, affecte la façon dont nous ressentons positivement ou négativement la mort.

Cependant, la colère dirigée contre soi-même - consciente ou inconsciente, acceptée, niée, refoulée ou projetée - peut être hyper-destructrice.

Accepté : peut conduire à des sacrifices déraisonnables, à des comportements dangereux et au rejet de tous les aspects positifs de sa vie.

Refusé : peut souvent entraîner des symptômes dépressifs graves.

Réprimée : peut entraîner des comportements dangereux inconscients, une forte consommation de médicaments sur ordonnance ou en vente libre, et des accès de violence et de colère importants.

Projeté : peut conduire à toutes sortes de bagarres et de disputes.

Cependant, il existe un mécanisme de défense qui peut être utile pour tous les types de colère, mais surtout pour la colère dirigée contre soi-même : la **sublimation**.

De nombreuses personnes ont pris leur colère et l'ont transformée en activité socialement productive.

C'est peut-être le moment de prendre un peu de distance et d'examiner l'utilisation et la fonction des émotions.

11.2.4. L'utilisation et la fonction des émotions

Les émotions fortes, positives et celles que nous qualifions de négatives, existent exactement dans le même but : nous diriger vers ou loin des situations et des comportements qui nous apportent du plaisir ou de la douleur.

Toutes les situations et tous les comportements peuvent, dans une certaine mesure, donner lieu à l'une des quatre expériences suivantes : renforcement positif/négatif et/ou punition positive/négative.[45]

---

[45] La différence entre le renforcement positif/négatif et la punition positive/négative https://bcotb.com/the-difference-between-positivenegative-reinforcement-and-positivenegative-punishment/#:~:text=Pour%20le%20renforcement%2C%20de%20positif,pensez%20à%20l'ordre%20d'augmenter%20une%20répon se. Consulté le 20-10-2020.

Renforcement positif

Cela fonctionne en présentant un stimulus motivant/renforçant à la personne après qu'elle a manifesté le comportement souhaité, ce qui rend le comportement plus susceptible de se produire à l'avenir.

Dans sa forme la plus élémentaire, nous sourions à quelqu'un et il nous sourit en retour. Cela nous fait du bien.

Renforcement négatif

Cela se produit lorsqu'un certain stimulus (généralement un stimulus aversif) est supprimé après l'apparition d'un comportement particulier. La probabilité que le comportement en question se reproduise à l'avenir augmente car la conséquence négative a été supprimée/évitée.

Par exemple, notre patron nous lance un regard mauvais le matin, surtout lorsque nous arrivons en retard au travail. Arriver avant lui permet d'éviter ce début de journée désagréable.

Punition positive

Cette méthode consiste à présenter une conséquence aversive après l'apparition d'un comportement indésirable, ce qui rend ce comportement moins susceptible de se reproduire à l'avenir.

Par exemple, notre patron retient notre salaire d'une heure chaque fois que nous arrivons en retard au travail. Arriver à l'heure permet d'éviter cette fin de mois désagréable.

Punition négative

Cela se produit lorsqu'un stimulus renforçant est supprimé après l'apparition d'un comportement indésirable particulier, ce qui a pour effet de réduire la fréquence de ce comportement à l'avenir.

Par exemple, nous arrivons à la maison avec deux heures de retard pour la troisième fois ce mois-ci, pour trouver une note sur la table de la cuisine : *J'ai préparé ton plat préféré ce soir. Il est dans le ~~four~~ chien.*

J'ai intentionnellement choisi des exemples triviaux pour souligner comment certaines attitudes et certains comportements entraînent des résultats positifs ou négatifs.

Ces résultats créent notre palette d'émotions.

En termes simples, les émotions positives nous incitent à continuer à reproduire l'expérience ; les émotions négatives nous incitent à changer quelque chose pour que les sensations désagréables cessent et/ou ne se reproduisent pas.

La honte, la culpabilité, la tristesse, le désespoir, la jalousie, etc., ne sont que des messages adressés à nous-mêmes pour nous dire que quelque chose ne s'est pas passé comme prévu et que nous devons changer quelque chose pour que la souffrance cesse.

Plus la souffrance est grande, plus nous sommes prêts à investir de l'énergie pour nous en éloigner. - Ce n'est pas sorcier.

Donc, pour en revenir à votre colère dirigée contre vous-même.

Si nous sommes incapables de réintégrer cette expérience en nous-mêmes et de trouver la manière la plus appropriée de la traiter et de la gérer, cette puissante énergie peut être destructrice pour nous et notre entourage.

La sublimation est le processus qui consiste à prendre cette énergie difficile à contrôler et à la canaliser vers un projet utile et productif. Il peut s'agir d'une stratégie d'adaptation à court, voire à moyen terme.

Comme pour tout processus de gestion d'une perte, mieux vaut tôt que tard. C'est la voie la plus sûre à choisir jusqu'au jour où vous serez capable de gérer votre colère contre vous-même.

11.3 . Tristesse, découragement, dépression

La tristesse, le découragement et la dépression sont les réactions les plus souvent observées et les plus acceptables dans la plupart des cultures. Les hommes sont généralement censés être plus stoïques ; les femmes sont censées exprimer leurs émotions, du moins dans les sociétés occidentales contemporaines.

De manière générale, il existe une trajectoire descendante de la tristesse au découragement, puis à la dépression. Cela nous amène à un autre concept intéressant qui nous aide à visualiser notre mode de fonctionnement, ce que j'appelle le "niveau de fonctionnement".

11.3.1. Niveau de fonctionnement

Imaginez, si vous le voulez bien, que votre énergie en tant que liquide et votre corps, (ou vos corps), sont représentés par un bol.

Le bol est relié à un certain nombre de tubes par lesquels entre l'énergie : nourriture, sommeil, argent, confort, bonheur, satisfaction, amour, soins, fierté, etc.

Il présente également un certain nombre de trous par lesquels l'énergie fuit : la faim, la fatigue, les responsabilités financières, l'inconfort, la tristesse, la frustration, l'abandon, la solitude, la honte, etc.

L'énergie entrante et sortante entre et sort à différents moments, en différentes quantités et à différents endroits. Il en va de même pour notre corps.

Certains trous sont situés en haut, d'autres en bas. Leur taille varie également. Et certains peuvent rester fermés toute notre vie ; ils constituent un point de perte potentiel, mais cette expérience n'est jamais concrétisée.

Enfin, à la base du bol se trouve une série de structures rocheuses qui représentent des dysfonctionnements psychologiques : par exemple la dépression, la psychose, la manie et la violence.

En fonction de l'éducation que nous avons reçue pendant notre enfance, de notre santé et de notre structure psychologiques, certains types de rochers peuvent ne même pas exister, tandis que d'autres peuvent être d'une taille inconfortable.

Nous pouvons imaginer la vie comme nos eaux côtières. Quand la marée descend, les rochers dangereux émergent.

Remplaçons la marée par le concept de niveau de fonctionnement.

Plus le niveau est élevé, plus nous nous débrouillons bien et confortablement dans notre vie quotidienne ; plus il est bas, plus nos fragilités sont exposées, et plus notre vie devient difficile.

Plus notre expérience de la perte réduit l'entrée d'énergie positive et ouvre des trous par lesquels notre énergie s'écoule, plus notre niveau de fonctionnement diminue.

Bien qu'il soit sain de permettre une certaine période et profondeur de souffrance, il arrive un moment où l'intensité et/ou la durée de la douleur émotionnelle a dépassé les limites de l'acceptable.

Bien que dans le système médical suisse, les psychologues ne prescrivent pas de médicaments (et, personnellement, je ne recommande pas l'utilisation de psychotropes), l'utilisation à court terme d'antidépresseurs pourrait certainement être une piste à explorer.

Cependant, les antidépresseurs ne doivent servir que de pont temporaire entre votre incapacité à faire face à la situation et un moment pas trop éloigné dans le futur où vous serez de nouveau sur des bases solides.

Et, bien sûr, il ne faut jamais prendre de psychotropes sans avoir mis en place un traitement psychothérapeutique actif et régulier.

(Je reconnais que dans certains pays, ce n'est pas la norme).

En gardant à l'esprit l'image du vase en forme de bol, et en considérant le concept de niveau de fonctionnement (avec de l'aide si nécessaire - il n'y a pas de honte à cela), notez toute l'énergie positive qui vous manque maintenant et le flux d'énergie négative que vous ressentez à cause de votre perte.

Souvent, le simple fait de noter le degré d'épuisement de vos niveaux d'énergie peut apporter un certain soulagement en soi, car cela vous aide à comprendre pourquoi vous manquez d'énergie et quels sont les domaines de votre vie pour lesquels vous avez besoin d'un soutien supplémentaire, et où vous devez réduire votre dépense énergétique pour retrouver votre équilibre intérieur.

Le comptable : Une évaluation impartiale de la situation réelle nous donne la possibilité d'effectuer les changements nécessaires sans que nos émotions ne viennent troubler les choses...

Cependant...

Le niveau de fonctionnement n'est peut-être pas la seule raison pour laquelle vous souffrez de dépression. En fait, il peut s'agir de quelque chose de totalement différent ...

11.3.2. Perdre la dispute avec soi-même

Il existe une autre raison, tout à fait différente, pour laquelle certaines personnes deviennent dépressives. Elle vient du fait que l'on perd la dispute avec soi-même et que l'on se retrouve au milieu d'une guerre civile interne.

J'ai une petite chansonnette.

Discuter avec soi-même est normal.

Se disputer avec soi-même n'est pas un problème.

Mais quand vous perdez la dispute avec vous-même, alors vous avez des problèmes.

Discuter avec soi-même est quelque chose que nous faisons tout le temps lorsque nous avons des choix à faire : prendre un thé ou un café, regarder une comédie ou une romance, manger cette dernière part de gâteau ou s'abstenir.

Le risque de faire une erreur et de choisir la mauvaise chose est faible, et les différents résultats ont peu d'importance. Cependant, lorsque les conséquences deviennent plus importantes, la discussion s'intensifie et on en arrive à **se disputer avec soi-même.**

C'est un processus parfaitement normal, naturel et sain. Lorsque le résultat d'un choix a des conséquences qui changent la vie, un bon conflit intérieur intense est la façon dont nous jetons tous les avantages et les inconvénients avant de prendre une décision.

Les choses commencent à se gâter lorsque nous nous trouvons incapables de choisir ou lorsque nous ne sommes pas satisfaits de notre choix après l'avoir fait.

C'est alors que nous **perdons la dispute avec nous-mêmes**.

C'est une position très douloureuse dans laquelle nous nous trouvons.

Que peut-il donc se passer lorsque deux factions sont en conflit l'une avec l'autre ? Dans le pire des cas, nous nous retrouvons en guerre, une guerre entre différentes facettes de nous-mêmes - une guerre civile.

L'un des sous-produits des guerres civiles est la famine, ... savez-vous pourquoi ?

Nous avons un pays fertile, de quoi manger pour tout le monde.

Une faction populaire se soulève contre le gouvernement. Certains fermiers rejoignent la rébellion.

Le gouvernement enrôle d'autres hommes, dont certains viennent des champs.

Les forces anti-gouvernementales trouvent de plus en plus de volontaires.

Bientôt, il n'y a plus assez de personnes pour travailler dans les champs. Les récoltes sont mauvaises et les gens meurent de faim.

De la même manière, lorsque nous sommes en conflit avec / contre nous-mêmes, nous gaspillons nos propres ressources limitées à nous combattre.

Il reste peu d'énergie pour fonctionner normalement.

Nous appelons cela la dépression, et elle est engendrée par des conflits intérieurs non résolus nés du déni et de la répression - non seulement de la douleur et de la souffrance, mais aussi des sentiments non acceptés et non exprimés de colère, de culpabilité, de satisfaction, de soulagement ou de toute autre réaction ou émotion que nous nous sentons incapables d'exprimer.

La solution à cette forme de dépression est la recherche et l'acceptation de toutes nos réactions et émotions.

. Il est clair qu'il y a des choses que nous ne pouvons partager et exprimer que dans certains moments, situations, environnements et personnes.

Le mécanicien de l'automobile : Un expert évalue sans complaisance les dysfonctionnements de votre voiture.

11.4. Culpabilité

11.4.1. Pour ne pas avoir agi ou d'avoir réagi de manière inappropriée

Nous avons déjà évoqué le fait que la colère et la culpabilité sont des cousins proches, surtout lorsque nous pensons ne pas avoir agi correctement.

Nous avons également réfléchi à la façon dont chaque réaction forte représente un appel à l'action - à faire quelque chose qui augmente et répète les expériences positives ou qui diminue et évite les expériences négatives.

Comme il peut y avoir une multitude de raisons pour lesquelles nous nous sentons coupables dans ce contexte, il ne semble pas utile de creuser dans ce puits sombre.

Il en va de même pour savoir si et dans quelle mesure nous sommes réellement en faute, et dans quelle mesure les autres sont également coresponsables

Ce type de réflexion nous entraîne sur un chemin tortueux presque sans fin de réalités objectives et subjectives.

Nous pouvons nous tourner vers les tribunaux pénaux, civils ou "sociaux" pour obtenir une sorte de jugement externe sur ces questions. Soit, mais ce n'est pas notre domaine ici.

Dans quelle mesure et de quelle manière nous découvrons que nous avons une responsabilité dans un cas donné, cela dépendra finalement de notre propre jugement intérieur.

Cependant, il y a une petite réflexion que nous pouvons entreprendre : la relation entre responsabilité, faute et culpabilité.

11.4.2. Responsabilité, faute et culpabilité

Dans la société moderne, responsabilité, faute et culpabilité semblent souvent interchangeables.

Je préfère les voir comme des cousins proches que l'on voit souvent faire des choses ensemble mais qui restent des individus distincts que l'on peut voir et traiter séparément.

Pour cette section, j'ai intentionnellement dépassé les dictionnaires standards et les définitions d'usage courant, car ils semblent trop confortables de confondre les termes.

J'ai plutôt travaillé à partir de leurs racines étymologiques, dont je suis tout à fait prêt à assumer la responsabilité.

Responsabilité

Étymologiquement, le mot "responsabilité" vient d'un mot français obsolète "responsable", lui-même issu d'un mot latin "responsabilis", le participe passé de "respondere", qui signifie "répondre". Ce n'est qu'au milieu du XVIIe siècle que le mot a commencé à impliquer une certaine mesure de responsabilité.[46]

---

[46] StackExchange : *Responsabilité* : https://english.stackexchange.com/questions/345981/did-the-word-responsibility-come-from-the-two-words-response-ability/345987. Récupéré le 25-10-2020.

Nous pouvons l'envisager en termes de *réponse à une* situation donnée. La responsabilité est un acte. Nous sommes responsables de nos actes. Quoi que nous fassions ou ne fassions pas, tant que nous avons une certaine forme de choix, nous l'avons fait et nous devons en assumer la responsabilité.

Fautes

Fin du 13e siècle, *faute*, "déficience", de l'ancien français *faute*, plus anciennement *falte*, "ouverture, lacune ; échec, défaut, tare ; manque, déficience" (12e siècle), du latin vulgaire *fallita "un défaut, une chute", du latin *falsus* "trompeur, feint, fallacieux", participe passé de *fallere* "tromper, décevoir".[47]

---

[47] Dictionnaire étymologique en ligne : *Faute* : https://www. etymonline.com/word/fault. Consulté le 25-10-2020.

La fautc est fondée sur l'inadéquation d'un acte, en ce qu'il peut tromper ou décevoir.

Culpabilité, [Guilt en anglais]

Vieil anglais *gylt* "crime, péché, défaut moral, manquement au devoir", d'origine inconnue, bien que certains soupçonnent un lien avec le vieil anglais *gieldan* "payer pour, dette".[48]

Bien que le deuxième lien fasse l'objet d'un certain débat, je pense qu'il est très pertinent et important.

On pourrait donc suggérer que la culpabilité est liée à l'intention négative ou à l'extrême insouciance de l'acte ou du non-acte.

(Le "payer, la dette", nous y reviendrons très bientôt, promis).

------

[48] Dictionnaire étymologique en ligne : *Culpabilité* : https://www.etymonline.com/search?q=Guilt. Consulté le 25-10-2020.

Alors, où cela nous mène-t-il ?

Quoi que nous fassions ou ne fassions pas, nous en sommes responsables, c'est tout.

Une faute, c'est quand quelque chose de mal arrive parce que nous avons fait quelque chose que nous n'aurions pas dû faire ou que nous n'avons pas fait quelque chose que nous aurions dû faire.

Et la culpabilité est fondée sur l'intention de créer une faute ou sur un manque d'attention notable pour éviter d'en créer une.

Voici quelques exemples.

Il y a quelques années, j'ai décidé d'acheter un sac d'une tonne de petites pierres. J'ai loué une petite camionnette au magasin de bricolage, et le sac et sa palette ont été chargés à l'aide d'une fourche à l'arrière de la camionnette.

Pour des raisons de sécurité, je n'étais pas autorisé à m'approcher de la camionnette pendant le chargement de la palette.

En raison de la nature de la chose, une fois chargé, le sac pendait sur les côtés de la palette, de sorte qu'il était impossible de voir qu'un des pieds de la palette était en fait cassé.

Le van n'était couvert que par une bâche.

Sur le chemin du retour sur l'autoroute, la palette a basculé (rappelez-vous qu'elle n'avait pas de pied) et le sac, qui n'était pas fermement fermé, s'est ouvert, laissant des pierres voler à l'arrière du camion.

L'un des rochers a franchi la barrière centrale et s'est écrasé sur le pare-brise d'une voiture venant en sens inverse, ce qui aurait pu avoir des conséquences fatales.

J'ai été arrêté et accusé de conduire avec une charge mal arrimé.

La marchandise était à moi, et je conduisais la camionnette, j'en étais donc responsable. Mais comme je n'avais pas chargé la palette et que j'ai été empêché de voir que le pied était cassé, j'ai été jugé non fautif et donc non coupable de quoi que ce soit.

Un autre incident de conduite.

Je conduisais en ville et j'avais une "discussion animée" avec ma femme. Nous sommes arrivés à un feu rouge. Une voie allait tout droit, l'autre se séparait sur la gauche.

J'ai roulé tout droit alors que j'aurais dû tourner à gauche.

Ma femme m'a crié de me retourner, alors je l'ai fait.

Malheureusement, les feux pour le virage à gauche étaient déjà au rouge, et j'ai dû zigzaguer entre les voitures venant de toutes les directions.

Heurcusement, j'ai réussi à me faufiler dans le trafic sans causer de dommages à quiconque.

Dans ce cas, j'étais responsable, et clairement en faute, mais je ne me sentais pas coupable.

J'avais fait une erreur honnête dans des circonstances difficiles, et mon erreur n'a eu aucune conséquence négative.

Un troisième incident de conduite s'est produit à la fin de ma vingtaine. Je vivais à Londres et étudiais pour une qualification informatique City & Guild's pendant la journée.

Ayant besoin d'argent, je me suis inscrit comme chauffeur de taxi privé, une version 1980 d'Uber.

Je sortais de la station de taxi à l'heure de pointe du soir, avec un trafic intense dans les deux sens.

Comme je tournais à droite, j'ai dû couper à travers le trafic allant de droite à gauche, afin de rejoindre la route allant dans le sens opposé.

Un type sympa s'est arrêté pour me laisser passer et m'a signalé que la route de l'autre côté était libre. Elle ne l'était pas. J'ai percuté une voiture qui venait en sens inverse.

J'étais responsable, fautif et coupable par négligence, même si l'autre conducteur avait fait signe que c'était sans danger.

Alors avant de vous enfoncer dans un profond et misérable trou de culpabilité, accordez-vous l'espace nécessaire pour réfléchir. Oui, je suis responsable de mes (in)actions, ou je pourrais être dans une certaine mesure fautif, mais cela ne signifie pas par définition que je doive me sentir coupable.

Mais si, même après toutes ces réflexions, vous vous retrouvez coupable, que faisons-nous alors ?

11.4.3. Remarque très importante

Ne permettez **pas** aux autres de décider que vous êtes coupable de quelque chose qui pourrait être une projection de leur culpabilité sur vous. J'ai eu une patiente qui était paralysée par la culpabilité parce que sa famille avait décidé qu'elle était en quelque sorte responsable de la mort de leur père, alors que je voyais clairement que les faits disaient le contraire.

Soyez votre propre juge.

11.4.4. Faire face à notre propre culpabilité

Comme je l'ai écrit plus haut, gérer notre propre culpabilité n'est pas aussi difficile ou aussi compliqué que cela peut paraître.

Voici les étapes : Acceptation, Excuse et Réparation.

L'acceptation : Oui, j'ai fait ça, et ça a causé de la douleur, de la souffrance ou des dommages.

Excuser : Je suis désolé pour mes actions ou inactions. Je ferai de mon mieux pour ne pas répéter mon erreur.

Réparation : Que puis-je faire pour réparer les dommages causés ?

Et c'est là que nous retrouvons le deuxième lien avec la racine du mot "culpabilité" - le mot vieil anglais *gieldan* "payer pour, dette".

Si vous êtes coupable d'un acte répréhensible, pour équilibrer les comptes, vous devez reconnaître et payer votre dette pour les dommages causés.

La forme que prend cette réparation dépend totalement de la situation.

Dans l'ancien système juridique juif, beaucoup ont entendu parler de l'axiome "une œil pour une œil".

Malheureusement, de nombreuses personnes pensent que cela signifie que si vous blessez ou endommagez quelqu'un ou quelque chose, vous devez subir la même perte ou souffrance.

Une grande partie du système pénal occidental est basée sur ce concept de punition du malfaiteur.

C'est faux.

Ce n'était pas le plan.

Le plan prévoyait que l'auteur du délit devait indemniser la victime pour les pertes subies à la suite du "crime".

Si quelqu'un est aveuglé par l'acte d'une autre personne, alors cette personne est punie, non pas en lui arrachant les yeux, mais en exigeant que l'auteur de l'acte passe le reste de sa vie à guider l'aveugle, en lui servant d'yeux.

Si vous tuez quelqu'un, vous devez prendre en charge financièrement l'entretien de sa famille - .

Une punition bien plus pratique et raisonnable que d'envoyer quelqu'un en prison pendant vingt ans ou de l'exécuter.

De plus, le système d'acceptation, d'excuses et de réparation est un moyen parfait de guérir son âme.

L'acceptation (même partielle) soulage son propre conflit intérieur.

Le fait d'excuser soulage le conflit avec le monde extérieur.

La réparation guérit la perte à la fois extérieurement et intérieurement.

Dans votre propre cas, en supposant que vous soyez accablé par des sentiments de culpabilité, utilisez cette recette simple : acceptez la faute que vous avez commise, excusez-vous devant ceux que vous avez pu blesser d'une manière ou d'une autre (même s'il s'agit de vous-même), et mettez en place une forme de réparation appropriée qui soit raisonnable pour toutes les parties.

Si certaines parties lésées n'acceptent pas vos excuses ou votre offre de les remplacer, de les réparer ou de les dédommager, votre seule option est de trouver votre propre solution. Après tout, c'est finalement votre propre sentiment de culpabilité qui est à l'origine de votre malaise. Vous devez donc trouver le geste qui vous semble le plus approprié, pour vous.

Voyons comment gérer les différentes formes de culpabilité.

11.4.5. Se sentir coupable de se sentir soulagé

Cela peut être un problème effrayant à gérer.

Par exemple, il n'est pas facile de faire face à une personne qui a été malade pendant une longue période.

Il faut non seulement faire face aux conséquences directes de la maladie de cette personne, compenser sa contribution au système (familial) qu'elle n'est plus en mesure d'offrir, et trouver le temps, l'énergie et l'argent pour gérer ses besoins émotionnels et physiques, mais aussi le coût direct pour soi-même.

Ce n'est que récemment que les coûts physiques, psychologiques et émotionnels des aidants ont été pris au sérieux.

La question "Qui s'occupe de l'aidant ?" est une question importante à laquelle il faut réfléchir.

Après tout, c'est la personne malade qui souffre directement. Pourquoi une personne en bonne santé devrait-elle faire l'objet d'une attention particulière ?

Malheureusement, dans la société moderne, notamment aux États-Unis, il existe un fossé entre les soins de santé et le soutien social pour aider les gens à prendre soin des membres de leur propre famille.

Dans la plupart des pays européens, les services sociaux sont plus nombreux. Et dans les pays en développement, le soutien de la famille élargie et des communautés locales est souvent plus important.

Avec le temps et la dégradation de la personne malade, le poids porté par l'entourage peut devenir de plus en plus difficile à supporter.

On peut avoir l'impression que le fardeau s'alourdit de jour en jour.

J'ai connu des cas où un conjoint refusait catégoriquement l'aide de sources extérieures, insistant sur le fait qu'il pouvait s'occuper de son proche sans l'aide d'étrangers n'ayant aucun amour pour lui.

D'autres sont confrontés à des situations où il n'y a aucune offre d'aide, et d'autres encore où toute offre d'aide est rejetée en raison de sentiments de loyauté, d'amour, de responsabilité ou même de la peur de la critique extérieure.

Quelle que soit la situation, nous pouvons nous retrouver emprisonnés dans un monde où faire face à notre réalité quotidienne devient une véritable torture.

L'attitude de la personne malade aggrave cet effet.

Nous pourrions passer de l'invalide bienveillant qui fait tout son possible pour ne pas être un problème, prend ses médicaments correctement et apprécie honnêtement tout ce qui est fait pour lui, au patient de l'enfer qui se plaint non seulement de sa santé mais aussi de tout le reste.

Pour la personne invalide qui prend soin d'elle, le souci est qu'elle peut cacher ou déguiser ses symptômes pour ne pas inquiéter ou déranger son soignant, ce qui signifie que les choses peuvent devenir incontrôlables.

Pour les plus difficiles, la vie peut devenir désagréable du matin au soir.

Cependant, avec le temps, même une personne qui ne souhaite pas être un fardeau plus lourd que nécessaire peut devenir épuisante. Surtout si l'on ne dispose pas d'un système de soutien adéquat.

Lorsqu'une personne dont nous nous occupons meurt ou est emmenée à l'hôpital, à une maison de repos ou dans un hospice, nous devrions ressentir un sentiment de soulagement et de libération ; c'est presque inévitable. La libération de tout le travail et de toutes les responsabilités nous offre la possibilité de réintégrer dans notre propre vie toutes les ressources que nous avons consacrées à prendre soin de l'autre.

Cela dit, il y aura la culpabilité de ne pas avoir réussi à tenir notre parole - envers nous-mêmes, envers la personne malade et envers les autres, que nous devrons encore gérer.

Tant que nous avons fait de notre mieux et que nous n'avons pas abandonné l'autre au premier signe de difficulté, d'inconfort et de stress, il y a de bonnes chances que nous puissions nous consoler avec cette connaissance.

La façon dont nous traitons les invalides, la famille et les amis peut être compliquée, mais nous revenons ici au principe de base de ce livre : vivre en harmonie avec soi-même.

Lorsque vous êtes sûr d'avoir agi correctement et noblement, les critiques des autres peuvent alors être mieux évaluées.

En vous accrochant à votre propre vérité mais en restant ouvert à l'expérience de l'autre, vous disposerez de l'espace émotionnel nécessaire pour accepter, accepter partiellement ou rejeter sa vision de la situation.

Vous serez alors en mesure d'intégrer leurs attitudes, d'accepter leur point de vue et soit :

Ramenez la personne, si elle est encore en vie.

Ou accepter que les autres trouvent inappropriés les signes de soulagement que vous montrez, et ne pas partager votre soulagement avec eux.

Ou vous pouvez ne pas être d'accord avec eux mais choisir de ne pas partager votre soulagement.

Ou vous pouvez le partager et prendre de la distance avec eux si nécessaire.

L'autre grand scénario est celui où un proche est gravement malade et souffre.

J'ai suivi des situations où les membres de la famille étaient en conflit autour de la question de l'arrêt de l'alimentation des patients comateux ou de l'arrêt du maintien en vie de ceux qui ne pouvaient pas fonctionner sans cela.

La complexité vient des réflexions conjointes sur le degré de souffrance du patient par rapport à l'intérêt qu'il a à continuer à vivre, et sur la mesure dans laquelle le fait de le regarder dans cet état fait souffrir sa famille et ses amis.

Lorsque la mort libère chacun de ce purgatoire, cela peut entraîner des sentiments de culpabilité, de confusion et de conflit intérieur.

Vous sentez-vous mieux parce que la personne ne souffre plus ou parce que vous avez été déchargé de la responsabilité et de votre propre souffrance ?

La réponse est toujours : les deux - à moins que vous ne détestiez tellement la personne que vous souhaitiez simplement qu'elle continue à souffrir le plus longtemps possible (je n'attendrais pas cela de vous), ou que vous soyez un robot incapable de ressentir des émotions intérieures, alors les deux, à des degrés divers, doivent être vrais.

Que faire ?

Suivez le scénario : Admettre, s'excuser, organiser la compensation.

Si vous vous sentez coupable de ne pas vous être occupé de quelqu'un correctement ou assez longtemps, ou si vous vous sentez mal d'avoir été soulagé, admettez-le, présentez vos excuses à toute autre personne qui pourrait être impliquée (y compris vous-même) et organisez une forme de compensation. Il peut s'agir, par exemple, de donner du temps et/ou de l'argent à des organisations caritatives.

N'oubliez pas que la personne que vous devez convaincre que vos actions couvrent convenablement la dette de vos inactions passées ne peut être que vous.

-Les pensées et les sentiments des autres sont secondaires.

11.4.6. Syndrome du survivant ou culpabilité

Cette section est largement tirée de l'excellent article de Jayne Leonard, sur le site *Medical News Today*, intitulé "Qu'est-ce que la culpabilité du survivant ? '[49]

Leonard décrit la culpabilité du survivant comme suit :

On parle de culpabilité du survivant lorsqu'une personne éprouve un sentiment de culpabilité parce qu'elle a survécu à une situation mettant sa vie en danger alors que d'autres n'y sont pas parvenus. Il s'agit d'une réaction courante aux événements traumatiques et d'un symptôme du syndrome de stress post-traumatique (SSPT).

------

[49] Jayne Leonard, 27 juin 2019, Nouvelles médicales aujourd'hui, *Qu'est-ce que la culpabilité du survivant* ? https://www.medicalnewstoday.com/articles/325578 récupéré le 14 11 2020

Dans la société moderne, ce concept est également utilisé dans des situations professionnelles où une personne a "survécu" à un licenciement collectif.

En général, ce syndrome concerne les effets négatifs subis par la main-d'œuvre restante après un changement organisationnel majeur.[50]

Quelque chose de grave se produit et d'autres personnes souffrent, mais nous nous " échappons ". Nous pouvons ressentir le syndrome du survivant/la culpabilité par rapport à des situations où d'autres personnes sont mortes, mais aussi par rapport à des situations où nous n'avons jamais été en danger.

Leonard énumère un certain nombre de symptômes que les survivants peuvent ressentir : flashbacks de l'événement traumatique,

---

[50] *Psychology Research and Reference* : 'Survivor Syndrome'. http://psychology.iresearchnet.com/industrial-organizational-psychology/organizational-development/survivor-syndrome/. Consulté le 14-11-2020.

pensées obsessionnelles, irritabilité et
colère, impuissance et déconnexion, peur et
confusion, manque de motivation, problèmes de
sommeil, maux de tête, nausées et maux
d'estomac, isolement social et pensées
suicidaires.

Si vous ressentez certains de ces
symptômes, vous souffrez peut-être de ce type de
culpabilité.

Selon M. Leonard, les recherches
suggèrent que les survivants peuvent avoir des
croyances erronées sur leur rôle dans un
événement, ce qui peut entraîner un sentiment de
culpabilité.

Ces croyances peuvent inclure des idées
exagérées ou déformées sur : votre capacité à
prédire ou à empêcher un résultat, votre rôle dans
la cause de résultats négatifs, et, ou une faute de
votre part.

Je ne pense pas que ce soit le meilleur endroit pour traiter des idées exagérées ou déformées, ce n'est pas un espace thérapeutique individuel où nous aurions l'occasion d'approfondir les réalités objectives et subjectives de ce qui s'est réellement passé et votre propre niveau de responsabilité dans le résultat.

Ce que je peux suggérer, c'est que si vous avez l'impression d'essayer de faire face à ce syndrome, trouvez une ou plusieurs personnes de confiance (par exemple, un thérapeute) et parlez de la situation et de vos actions/réactions pour obtenir leur point de vue sur ce qui s'est passé.

Leonard conclut par un certain nombre de conseils pour faire face à la culpabilité du survivant : accepter et s'autoriser à ressentir les sentiments, se rapprocher des autres, utiliser des techniques de pleine conscience, prendre soin de soi et faire quelque chose de bien pour les autres.

Il vaut la peine de prendre un petit moment pour parcourir ces suggestions de bon sens.

Acceptez et laissez les sentiments

C'est fondamental. Nous ne pouvons pas traiter ou changer quoi que ce soit tant que nous n'acceptons pas qu'il est réel, qu'il existe.

Connectez-vous avec d'autres personnes

L'aide, le soutien et le retour d'information honnête de la part de personnes en qui nous avons confiance est une ressource très importante à utiliser.

Utiliser des techniques de pleine conscience

Je situe la pleine conscience quelque part entre la méditation et l'auto-hypnose.

Comme l'exercice physique régulier, les techniques de pleine conscience peuvent améliorer notre santé psychologique et émotionnelle générale. - Elles ne peuvent pas faire de mal.

Prendre soin de soi

C'est peut-être le plus difficile à accepter et à entreprendre. Lorsqu'on se sent coupable à quelque niveau que ce soit et pour quelque raison que ce soit, se donner à soi-même semble particulièrement contre-intuitif.

Mon conseil ? Si ça ne marche pas pour vous, laissez tomber. Ce n'est pas essentiel.

Faites quelque chose de bien pour les autres

C'est beaucoup, beaucoup plus important.

Comme je l'ai souligné plus haut, lorsque nous avons commis une erreur, nous devons l'accepter, nous excuser et organiser une compensation.

Question : Pourquoi ai-je survécu ? Réponse : Pour que tu puisses faire quelque chose pour aider les autres.

De nombreux organismes de bienfaisance, groupes d'entraide et associations ont été fondés par les parents, les partenaires, les amis et les familles des personnes décédées afin d'aider ceux qui souffrent de problèmes similaires.

C'est une façon classique et appropriée de sublimer ces sentiments en quelque chose d'utile et de productif. Il s'agit d'un scénario gagnant-gagnant : vous vous sentez mieux et les autres en bénéficient.

11.5. Satisfaction

La satisfaction est une réaction totalement inacceptable et problématique à avoir !

Cependant, nous sommes ici pour travailler sur les réalités " laides " de la gestion de la perte et du deuil.

Si c'est votre réaction, alors, c'est votre réaction - nous allons y faire face.

Le premier et le plus important défi est d'admettre à soi-même que c'est ce que vous vivez.

C'est peut-être facile. Vous ne les aimiez pas ; ils vous ont causé de la peine et de la souffrance ; leur disparition vous ouvre des possibilités nouvelles et positives.

Malheureusement, la vie est souvent plus complexe que cela.

La satisfaction peut être difficile à accepter en soi, sans parler de la partager avec les autres.

Ce qui peut être encore plus déroutant, c'est que, tout comme la vie est multifactorielle, multifacette et complexe, elle est aussi souvent contradictoire et apparemment mutuellement exclusive.

A la mort de mon père, je suis allé le voir au funérarium.

J'ai ressenti à la fois la tristesse de la perte d'un père aimé, amusant et passionnant, *et la* colère d'un fils maltraité qui avait été abusé financièrement à plus d'une occasion.

Les deux réponses étaient et sont toujours vraies et valables.

Si vous vous efforcez de donner un sens à vos sentiments parce qu'ils vous semblent contradictoires, cessez de vous débattre.

Mon père me manque, je rêve de lui, qu'il soit encore en vie et que nous passions de bons moments ensemble.

Je préférerais ne pas penser à ses défauts et à ses lacunes, mais ce ne serait pas honnête, et l'honnêteté envers moi-même est ma priorité numéro un.

En tant que thérapeute de couple, on me présente souvent une litanie de fautes et d'erreurs d'un partenaire.

L'esprit et les souvenirs du partenaire qui parle sur le moment ne sont dirigés que vers les aspects négatifs de la relation.

Ils n'essaient pas de me piéger ou ne cherchent pas simplement à lui soutenir. Ils ont véritablement filtré toutes les expériences utiles et positives avec l'autre, passées et présentes.

Oui, nous sommes vraiment capables de le faire. L'ensemble du tableau existe toujours en nous, même si nous souhaitons ou devons le nier.

Osez être totalement honnête avec vous-même.

Nous avons des pensées et des sentiments multiples et variables à propos de tout, à chaque instant.

Certains de ces sentiments sont faciles à posséder et à admettre, d'autres moins.

S'il vous plaît, comme le monstre de votre pire cauchemar, ne vous sauvez pas de vous-même juste parce que c'est inconfortable.

Tournez-vous et faites-vous face, acceptez la réalité de qui vous êtes en ce moment. Vous pourrez toujours travailler à changer les choses qui ne vous plaisent pas chez vous plus tard.

Une fois que vous avez accepté cette réalité, quelle que soit sa taille ou sa fréquence fluctuante, vous pouvez la posséder. C'est la plus grande partie du processus de guérison.

Un conseil important. Admettre à soi-même la complexité de ses réactions ne signifie pas que l'on doive nécessairement en faire part à une autre personne. D'autres personnes pourraient ne pas être à l'aise pour intégrer cette connaissance de manière non préjudiciable.

11.6. Affaires non terminées

Les affaires non terminées peuvent être difficiles à gérer. Lorsque j'ai un client qui entretient une relation difficile avec une personne mourante, je lui recommande toujours de faire tout son possible pour achever la relation autant qu'il est humainement possible de le faire.

N'oubliez pas que vous pouvez avoir autant de choses positives à dire à la personne que de choses négatives.

Malheureusement, nous n'avons pas toujours cette opportunité. Par exemple, mon père et mon frère sont morts de façon soudaine et inattendue.

Le fait d'avoir une affaire inachevée avec quelqu'un est quelque chose que nous pouvons partager avec d'autres, même si cela soulage rarement la souffrance.

C'est une situation que nous rencontrons assez souvent en thérapie - à la suite d'un deuil, mais aussi lorsque toutes les parties sont en vie mais que la communication a cessé.

La réponse est simple dans son concept, mais compliquée à mettre en œuvre.

La frustration est fondée sur le fait que la communication des informations nécessaires est bloquée.

La solution simple consiste à ouvrir un mode de communication et à permettre à la personne de transmettre le message.

Plus facile à dire qu'à faire, pourrait-on penser.

Toutefois, la solution la plus simple et la plus utilisée consiste à s'asseoir et à écrire une lettre à la personne concernée.

Prenez votre temps car il s'agit d'un exercice important. Réfléchissez, seul ou avec d'autres, à ce que vous devez communiquer exactement.

Lorsque vous êtes parfaitement au clair sur le contenu, écrivez ou tapez le texte.

Décidez ensuite comment "envoyer" le message. Peut-être le laisser sur leur tombe, le brûler, le jeter dans un ruisseau ou dans l'océan.

Si cela ne vous semble pas satisfaisant ou suffisamment personnel, une forme de communication "directe" pourrait être plus appropriée à vos besoins.

. Vous aurez besoin d'un hypnotiseur, d'un chaman ou d'un médium digne de confiance et bien formé (soyez très prudent dans votre choix).

L'hypnotiseur vous conduira dans un état de transe ; un chaman vous emmènera dans un voyage chamanique (un simple battement de tambour est beaucoup plus sûr que de jouer avec des hallucinogènes).

L'induction hypnotique/le voyage chamanique peut vous amener à expérimenter un contact direct avec la personne avec laquelle vous souhaitez communiquer.

Le médium utilisera son propre corps et sa propre voix pour créer le point de contact.

Quant à la "réalité" de ces rencontres, je ne me positionnerai pas ici.

Ce que je dirai, c'est que ces expériences peuvent être cathartiques et servir le but pour lequel elles ont été attribuées.

Ayant étudié l'hypnose et le chamanisme, et passé des milliers d'heures à utiliser des outils hypnotiques dans le cadre de mon travail avec mes clients, je peux me porter garant de la valeur de ces expériences.

Il est important de noter que des recherches ont prouvé que la mémoire et l'inconscient peinent à différencier les rêves, les expériences hypnotiques, les voyages, les méditations et la vie quotidienne.

Parfois, cependant, ils ne sont pas suffisants.

Par exemple, permettez-moi de revenir à ma propre histoire par rapport à mon père.

Dans ce cas, j'ai senti que j'avais besoin de quelque chose de beaucoup plus physique.

Comme ma mère était la compagne de mon père, je l'ai choisie comme mandataire ("un adjoint qui se substitue à un autre"[51]).

Il a fallu un peu de temps pour qu'elle accepte ma vision et ma version de ma relation avec lui.

Elle m'a rappelé (à juste titre) toutes les facettes positives de ma relation avec lui et combien il avait professé son amour pour moi.

Tout en validant ces aspects de mon temps passé avec lui, je devais la ramener aux actions moins satisfaisantes qu'il avait prises à mon égard et aux dommages causés.

---

[51] Merriam-Webster : *proxy*. https://www.merriam-webster.com/dictionary/proxy. Consulté le 15-11-2020.

Enfin, elle a été en mesure d'accepter cette information et de prendre les mesures appropriées : admission, excuses et compensation (ces deux dernières étant bien sûr symboliques).

Si vous souhaitez essayer cette approche, trouvez une tierce personne (un mandataire, un substitut) qui peut interagir avec vous au nom de la personne qui n'est plus disponible. Cela m'a énormément aidé à gérer mes affaires inachevées. J'espère que vous trouverez le chemin pour régler les vôtres.

11.7. Distance, désintérêt, neutralité ou rien du tout

Ne pas réagir émotionnellement peut sembler problématique.

Toutefois, avant de vous étiqueter comme un monstre froid, insensible et semblable à une pierre, prenons quelques instants pour réfléchir.

Tout d'abord, nous sommes créés de telle manière que nous répondons de manière appropriée aux stimuli externes et que nous fonctionnons de la manière la plus adéquate pour faciliter la continuation de notre espèce.

Deuxièmement, comme nous l'avons vu dans le chapitre consacré aux différentes cultures et coutumes, tout le monde ne réagit pas de la même manière en toutes circonstances.

Troisièmement, chaque personne et chaque situation sont différentes.

La liste ci-dessous montre un niveau d'implication décroissant :

La distance : Je réagis à cette situation mais je n'ai pas l'espace nécessaire pour me connecter à mes sentiments en ce moment.

Désintérêt : Je ressens quelque chose mais c'est léger et pas très important pour moi.

Neutralité : Je ressens quelque chose mais il n'y a pas de souffrance liée à cela.

Rien du tout : je ne ressens aucune émotion.

Étant donné que la complexité des réactions augmente de rien du tout à la distance, je vais les traiter dans l'ordre inverse.

11.7.1. Rien du tout

Cela peut sembler très inquiétant, mais grâce à l'expérience que nous avons acquise en regardant tout autour d'une réaction, il peut y avoir plusieurs bonnes raisons pour lesquelles une personne n'a aucun sentiment par rapport à la situation.

a)   Ils n'ont aucune relation affective ni avec le défunt ni avec les personnes en deuil. Dans ce cas, il s'agit d'une réaction raisonnable et normale.

b)	On leur a appris à nier leurs émotions à un tel point qu'ils n'y ont plus accès - le "raidissement britannique". Dans ce cas, il s'agit d'une réaction raisonnable et normale fondée sur leur éducation.

c)	Ils ont un sérieux problème de manque d'empathie. - Peut-être lié à un problème psychologique connu, mais qui n'est pas directement lié à cette situation particulière.

d)	Ils ont un lien émotionnel fort avec quelqu'un dans cette histoire qu'ils ne sont pas prêts à reconnaître, d'où un déni profond en jeu. Il s'agit d'une forme de distanciation.

11.7.2. Neutralité

Il peut s'agir d'une réaction normale et saine.

Là encore, il y aura probablement des influences personnelles et culturelles en jeu, mais dans les situations où il n'y a pas de dynamique relationnelle majeure en jeu, une réaction neutre peut être tout à fait raisonnable.

Cependant, lorsqu'il existe des liens importants soit avec la personne décédée, soit avec un ou plusieurs de ses proches, il est probable que quelque chose de plus compliqué se cache dans l'ombre de la neutralité.

Si vous vous trouvez dans la position du "rien du tout" ou de la neutralité, alors que la situation attendrait davantage de vous, comme le conseillerait Douglas Adams, ne paniquez pas.

Il est probable que vous vous éloignez des émotions qui sont tout simplement trop difficiles à supporter.

Tant que vous ne projetez pas de négativité sur les autres, il n'y a rien à faire pour le moment.

N'essaycz pas de vous forcer à contacter vos émotions négatives ; votre psychisme les bloque pour une raison précise et vous n'êtes pas prêt à les accepter.

Si la situation ne s'améliore pas au bout de quelques semaines, demandez une aide extérieure et professionnelle. Nous reviendrons sur ce sujet plus tard.

11.7.3. Désintéressement

C'est une forme de mécanisme de défense, une forme légère de distanciation.

Dans ce cas, il y a une réaction, et c'est inconfortable, mais vous ne souhaitez pas aller plus loin dans cette voie.

Une personne désintéressée participera plus que probablement à tous les aspects des services ou des rituels, mais continuera à affirmer son absence d'émotion ou de réaction forte.

Même si vous êtes sûr qu'il y a plus caché en dessous, ne grattez pas la surface !

Laisse cette fiction en place. Vous faites du mieux que vous pouvez pour l'instant, et ce mieux est plutôt bon.

Soyez convaincu que vous avez une connexion authentique avec vos sentiments et la capacité de partager ce moment le plus important.

11.7.4. Distance

Dans ce cas, vous pouvez admettre l'existence de sentiments, d'émotions et de réactions, mais choisir de ne pas les contacter ou de ne pas y faire face.

Il peut y avoir un large éventail de raisons pour lesquelles une personne ne peut pas trouver l'espace nécessaire pour se connecter à des émotions fortes et importantes, mais elles sont généralement au nombre de deux .

Votre survie dépend de votre force et/ou la survie des autres dépend de votre force. (Notez le "et, ou", ces raisons ne sont pas mutuellement exclusives).

Plus haut, j'ai présenté le concept de "deuil congelé" de Jean-Claude Métraux.

"Le deuil gelé parle d'un deuil temporairement interrompu ... remis à des jours meilleurs. ... par exemple ... les victimes de la guerre ... qui n'ont pas pu bénéficier d'un espace sûr dans lequel passer les phases du deuil. "[52]

Dans notre pratique transculturelle, nous avons entendu parler de nombreux cas où des personnes ont tout perdu - famille, amis, maison, toute leur vie.

------

[52] Métraux, J-C, " Le deuil, ferment de la société autonome ", in *Psyché : De la monade psychique au sujet autonome,* Klimis, S & Van Eynde, L (Editors), Presses de l'Université Saint-Louis, 2019. https://books.openedition.org/pusl/845?lang=en. Consulté le 15-11-2020.

Pourtant, ces personnes, et souvent leurs enfants, étaient en réel danger physique de perdre la vie.

La survie entre en jeu ; ils n'ont pas le temps de penser à tout ce qu'ils ont perdu, et encore moins de trouver un espace régressif dans lequel ils peuvent s'effondrer et faire leur deuil.

Cependant, même après avoir échappé à la menace imminente de la mort, il reste le défi de quitter le pays, de trouver un passage vers un endroit physiquement sûr. Et après leur arrivée dans ces pays "sûrs", tout ne va pas bien.

Ils doivent ensuite expliquer aux autorités ce qui s'est passé, se retraumatisant et essayant de convaincre un fonctionnaire cynique de leur validité et de leur honnêteté. Ces personnes, ces familles restent souvent bloquées dans le " never-never land " de l'asile pendant des mois ou des années, vivant dans une insécurité quotidienne sans aucune assurance d'un futur sanctuaire.

Ce n'est qu'après avoir obtenu un permis pendant plusieurs mois, voire plusieurs années, qu'ils se sentent suffisamment en sécurité pour renouer avec les expériences terribles qu'ils ont vécues, puis pour entamer leur processus de deuil.

Il ne fait aucun doute qu'ils savent ce qui s'est passé ; en revanche, il leur est impossible de s'autoriser à y faire face.

Cependant, ce n'est pas le seul type de situation où il peut être nécessaire de s'accrocher à son chagrin.

Après la mort de ma nièce, une semaine seulement après son premier anniversaire, toute ma famille s'est effondrée autour de moi. Quelqu'un devait tenir le fort, et ce quelqu'un devait être moi. Je me souviens que ma mère appréciait ma position solide et stoïque, car elle lui permettait d'avoir un espace sûr pour faire son deuil.

S'éloigner de la douleur, de la souffrance et du chagrin peut être un choix conscient ou inconscient, mais si c'est ce qui se passe pour vous ou pour quelqu'un de proche, considérez-le comme un sacrifice qui est fait pour une raison importante.

Il y aura du temps, à un moment donné, pour vous ou pour eux, afin de trouver un espace sûr pour vivre le deuil.

11.8. Acceptation, compassion, paix spirituelle

Tous les passages ne sont pas compliqués par des émotions et/ou des pensées négatives.

La tradition bouddhiste, qui prône une transition pacifique et harmonieuse, est l'un de ses principes les plus fondamentaux.

Et comme nous l'avons vu, de nombreuses autres traditions considèrent la mort comme une étape transformatrice vers une autre forme d'existence.

Après avoir (plus ou moins) résolu ces blocages, nous pouvons maintenant nous libérer de notre besoin de nous accrocher à la relation que nous avions auparavant.

Le lâcher-prise est rarement une expérience unique et unidirectionnelle.

Imaginez que vous regardez la marée descendante sous une lumière stroboscopique - elle clignote et s'allume, donnant une vision vacillante et décousue du mouvement.

La marée descend par une série d'étapes. L'eau se retire, revient, se retire, revient ...

Parfois, il part très loin, pour revenir encore plus haut qu'avant.

Tôt ou tard, il n'est plus là.

Nos investissements émotionnels ne diminuent pas non plus de manière régulière.

Un moment, nous nous sentons incapables de fonctionner, puis nous sommes pris par quelque chose et nous oublions temporairement notre chagrin. Puis il revient à la charge. Un autre moment, il semble s'être calmé jusqu'à ce qu'une petite chose nous le rappelle, et nous voilà de nouveau en train de souffrir.

Il y a ensuite le cycle de la première année, qui consiste à revenir sur les lieux et les événements pendant ce long moment où chaque fête, chaque anniversaire ou chaque endroit fait resurgir la perte.

Lorsque l'on travaille avec des patients souffrant du syndrome de stress post-traumatique (SSPT), l'expérience traumatique ne peut être intégrée ou digérée. Tout ce qui est lié à l'incident plonge le patient dans la reviviscence totale de cet événement traumatique.

Le processus de deuil reproduit certaines des mêmes réactions. Cependant, il couvre beaucoup plus d'événements, mais de façon beaucoup moins dramatique.

La principale différence entre les deux est que le SSPT non traité peut rester présent et débilitant pendant très longtemps, alors qu'un processus de deuil sain est notre façon de digérer et de (ré)absorber notre investissement émotionnel.

Le temps guérit l'incision tranchante des pertes douloureuses, tout comme une coupure profonde se referme avec des couches de peau fraîche, jusqu'à ce qu'il ne reste que le souvenir d'une cicatrice.

Chaque anniversaire devient plus facile à gérer.

Les nouveaux souvenirs et les nouvelles expériences créent une membrane de plus en plus épaisse qui nous recouvre et nous protège de la brutalité de nos moments les plus douloureux.

Cependant, le but n'est pas d'oublier, d'effacer tout souvenir de nos proches.

J'ai écrit un jour que "les souvenirs que nous laissons sont les graines que nous plantons dans l'âme de ceux que nous aimons".

Les sociétés qui gèrent le mieux le décès d'un être cher sont celles où une certaine forme de contact avec l'"esprit" ou l'âme subsiste. Mieux encore, il y a la possibilité de poursuivre une certaine forme de contact avec eux.

Ce n'est pas pour rien que même les films récents de Disney incluent désormais souvent des cultures où les ancêtres et les fantômes peuvent revenir pour apporter aide, espoir et soutien (par exemple, *Le Roi Lion*, *Mulan* et *Moana*).

12. Aider les autres à faire face à leur perte

Tout ce que j'ai écrit jusqu'à présent peut s'appliquer aussi bien à vous qu'à votre entourage.

Nous sommes tous différents, et nos chemins vers l'harmonie intérieure sont uniques pour chacun de vous. Cette vérité fondamentale est également vraie pour chacun d'entre nous.

Ainsi, lorsqu'on veut soutenir quelqu'un, qu'il s'agisse d'un proche, d'un collègue de travail ou même d'une connaissance, la même règle s'applique : Nous ne sommes pas les mieux placés pour le savoir.

12.1. Je suis désolé pour votre perte

Le "je suis désolé" est une expression particulièrement répandue, que l'on entend très souvent au Canada et au Royaume-Uni.

Il s'agit d'une expression d'empathie (plutôt exagérée selon beaucoup) qui indique que nous souffrons également lorsque vous souffrez.

Il n'y a souvent pas d'admission de culpabilité, de responsabilité ou de faute lorsque nous utilisons cette expression spécifique.

Cependant, lorsqu'on rencontre quelqu'un qui a perdu un parent ou un ami proche, cela semble être une façon relativement sûre d'entamer une interaction.

En fonction de votre relation avec la personne, vous pouvez poursuivre par "si je peux faire quelque chose...".

Et puis quoi ?

12.2. Prendre le feed-back

S'ils rejettent votre offre, ne le prenez pas personnellement. Cela peut simplement signifier qu'ils ont besoin de plus d'espace ou qu'il y a d'autres personnes auxquelles ils seraient plus à l'aise de faire appel.

Au contraire, rappelez-leur que vous êtes disponible s'ils ont besoin de vous.

Il y a toujours un moment où il semble approprié pour un patient d'arrêter son traitement avec un thérapeute. Je les renvoie toujours en sachant et en leur assurant que je suis toujours là, et que s'ils ont besoin de moi à nouveau, ils n'ont qu'à m'appeler.

Certains patients ont eu cinq ou six périodes de traitement (sur plusieurs années) ; la plupart disparaissent définitivement.

Toutefois, s'ils indiquent clairement que votre présence, votre aide et votre soutien sont les bienvenus, la porte est ouverte pour que vous puissiez essayer de les aider.

Comme nous l'avons vu, dans de nombreuses cultures, les longues périodes de deuil sont intégrées aux systèmes religieux.

Il n'y a rien à comparer avec ceux-ci dans la société occidentale moderne.

On attend de nous que nous prenions un ou deux jours pour organiser les funérailles, régler les choses et nous remettre immédiatement au travail.

C'est pourquoi une aide pour les aspects pratiques de la vie quotidienne serait la bienvenue.

Une profonde tristesse, une dépression passagère, comme une maladie physique, peuvent susciter le besoin d'une période de régression, au cours de laquelle la personne a intérêt à renoncer à un grand nombre de ses responsabilités d'adulte pour pouvoir se concentrer sur les processus de deuil et de guérison.

Cela devrait être une partie normale et saine de notre mode de fonctionnement, que la société moderne le soutienne ou non.

Pendant cette période de deuil, encouragez la personne à rechercher tous les systèmes de soutien dont elle dispose, même si elle a perdu le contact avec la famille, les amis, les personnes, les associations et la religion.

Tendre la main peut leur fournir des ressources importantes et créer un contexte dans lequel ils peuvent reprendre contact avec des personnes de manière légitime.

12.3. Mais pour combien de temps ?

Si vous commencez à avoir l'impression qu'après quelques semaines, ils ne montrent aucun signe d'amélioration, il est peut-être temps de leur suggérer de contacter un professionnel - un thérapeute, un conseiller, un prêtre, un imam, un rabbin, un chaman, un groupe de soutien ou toute autre personne susceptible de les aider à surmonter leur processus de deuil. .... Vous pouvez aussi leur prêter un exemplaire de ce livre.

Le fait qu'elles se bloquent et ne progressent pas pourrait être le signe d'un processus de deuil pathologique, ce qui signifie que, sans intervention extérieure, elles pourraient rester bloquées pendant un certain temps.

12.3.1. Un mot d'avertissement

À moins que vous n'ayez une formation de thérapeute, n'essayez pas de jouer le rôle d'un thérapeute.

Si votre ami ou votre proche n'avance pas sur son chemin personnel vers l'auto-guérison, c'est que quelque chose bloque ce processus, quelque chose qu'il a du mal à accepter, quelque chose qu'il refuse d'affronter.

Vous devez certainement vous sentir libre de discuter de ce qui se passe pour eux, mais vous risquez de vous heurter rapidement à une certaine forme de résistance.

Cette résistance est leur protection contre la douleur émotionnelle. Il est peu probable qu'ils acceptent l'idée de s'ouvrir et de se plonger dans cette souffrance simplement parce que vous avez abordé le sujet.

Ils sont beaucoup plus susceptibles de se taire, de partir ou de devenir agressifs. Cela mettra votre relation à rude épreuve, et les avantages pratiques et émotionnels que vous apportez seront menacés.

Dans ce cas, à mon avis, la seule chose à faire est de faire pression directement sur eux, et sur tous ceux qu'ils veulent bien écouter, pour qu'ils cherchent de l'aide et du soutien.

S'ils ont déjà trouvé quelqu'un ou quelque chose, mais que cela ne leur apporte pas grand-chose, il peut être encore plus difficile de les amener à renoncer à ce qu'ils ont, ou du moins à compléter ce qu'ils ont, et à chercher d'autres sources de guérison.

13. IP - Stratégies d'adaptation

Le chapitre 11 a abordé un grand nombre d'étapes, de phases et de pierres d'achoppement liées à la perte et au deuil.

J'ai essayé de vous indiquer quelques stratégies et solutions possibles qui, je l'espère, pourront vous être utiles.

Malheureusement, les conseils et les suggestions pratiques permettent rarement de lever les blocages émotionnels.

Vingt ans d'expérience en tant que psychologue m'ont appris à quel point nos corps émotionnels sont résistants aux prescriptions intellectuelles et pratiques.

Souvent, lorsque la thérapie par la parole s'avère improductive, je joue ma carte d'as et me tourne vers l'hypnose et l'hypnothérapie.

Certains livres tentent, avec plus ou moins de succès, d'intégrer des sections d'hypnose ou d'autohypnose. J'ai choisi de ne pas proposer cela ici.

[Remember[53] , est le premier livre de l'auteur consacré au sujet - Ndlr].

---

[53] Gary Edward Gedall, *Remember : Histoires et poèmes pour l'auto-assistance et le développement personnel basés sur les techniques de l'Ericksonian et de l'auto-hypnose*, Des mots aux mondes, 2014. https://www.amazon.com/Remember-self-development-techniques-Ericksonian-auto-hypnosis/dp/2940535116/ref=sr_1_2?dchild=1&keywords=Gary+Edward+Gedall&qid=1606670346&sr=8-2

Au lieu de cela, j'ai choisi de proposer quelques images et pensées liées au concept de la travail avec le Parent Intérieure, qui offrent également une ouverture sur notre corps émotionnel et notre inconscient.

Chaque image et chaque texte doit être régulièrement regardé et réfléchi.

Réfléchissez à la raison pour laquelle ils sont importants pour vous, et à l'état dans lequel vous vous trouvez.

Cherchez en vous les parties de vous qui peuvent accepter et intégrer le message et l'état d'être.

Certaines de ces identités vous sembleront proches et faciles à harmoniser, d'autres seront plus difficiles. Certaines vous paraîtront si éloignées de votre mode de fonctionnement qu'il vous semblera inutile d'essayer.

Bien que nous ayons tous la possibilité d'adopter tous les aspects de ces identités, si l'une d'entre elles s'avère impossible pour vous à l'heure actuelle, qu'il en soit ainsi. Relisez la section à laquelle cela se rapporte et essayez d'imaginer (avec toute l'aide appropriée à laquelle vous pouvez faire appel) un autre type de stratégie d'adaptation.

À défaut, envoyez-moi un courriel à l'adresse[54] et je vous répondrai dès que possible.

---

[54] info@fromwordstoworlds.com

13.1. Choc, incrédulité et déni

13.1.1. Le jockey à œillères

Le jockey, tout comme le cheval, porte des
œillères.

À certains moments, ils ne le jugent pas
approprié ou se sentent incapables de saisir tout
ce qui les entoure.

Le jockey se concentre uniquement sur le
chemin à suivre et n'est pas distrait.

En ignorant toutes les autres informations, ils
peuvent maîtriser leur destin et continuer à
avancer dans la vie.

13.1.2. L'emballeur de porcelaine

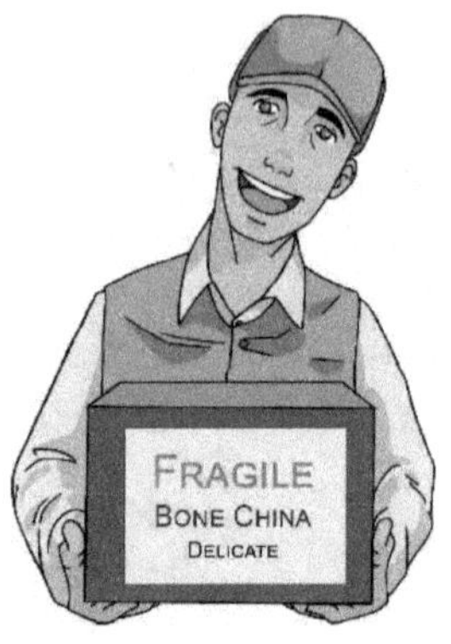

L'emballeur de porcelaine sait qu'il manipule des biens fragiles.

Ils prennent grand soin des personnes ou des projets qui leur sont confiés.

Tout le monde peut se trouver dans un état délicat ; il faut en être conscient et agir en conséquence.

Peu importe que l'objet soit précieux, fin ou fragile, s'il est bien entretenu, il arrivera toujours à destination en parfait état.

13.1.3. L'enfant

L'enfant est honnête, innocent et vulnérable.

L'enfant a besoin d'aide, de soutien et de protection.

L'enfant doit reconnaît ses propres limites et savoir comment demander et recevoir de l'aide.

Avoir besoin des autres pour nous enseigner, nous aider, nous guérir et nous protéger n'est pas un signe de faiblesse. C'est plutôt un signe qu'ils sont conscients de leur état et de leurs limites physiques, émotionnelles et mentales.

Être capable de tendre la main en cas de besoin est l'un des plus grands cadeaux qu'ils peuvent s'offrir à eux-mêmes et à ceux qui les entourent.

13.2. Colère

13.2.1. Le philosophe

Le philosophe contemple la vie.

Il se plongent dans le multivers des significations,

laissant les émotions et les attentes hors de

l'équation.

Ils comprennent que la justice et l'équité ne sont que

des concepts, et qu'il n'existe pas de consensus

universel quant à leur place dans le monde.

Cependant, s'ils tirent à pile ou face les bons et les

mauvais événements suffisamment longtemps, la loi

des moyennes leur accordera un accès égal aux deux.

13.2.2. L'enseignant

L'enseignant voit la vie comme une série de leçons à apprendre et comme une occasion constante de grandir et de se développer.

Plus l'expérience d'un événement est intense, positivement ou négativement, plus la possibilité d'en tirer profit est grande.

Avec cette attitude, les succès comme les échecs sont porteurs de messages importants.

Apprenez de la vie, vous ne pourrez que grandir.

13.2.3. Atlas

Atlas porte le poids

du monde sur ses épaules.

Bien qu'il y ait des moments où il souhaite

renoncer à sa vocation unique, il accepte

toujours le lourd fardeau de ses responsabilités.

Assumer des tâches et des obligations pour

soutenir et étayer les autres est une

reconnaissance de la force

et du stoïcisme.

13.2.4. Le gourou

Le gourou est une boussole spirituelle.

Ils nous aident à nous orienter vers notre

propre éveil spirituel.

La vie est notre atelier spirituel où nous sont

proposées les expériences qui nous aideront à

avancer vers notre propre lumière.

Prenez les déceptions, les déceptions, les

frustrations et les pertes de la vie pour les

cadeaux qu'elles sont réellement – des illusions.

13.2.5. Le frappeur de baseball

La vie peut nous envoyer des courbes.

Nous pouvons contre-attaquer, fuir, essayer

d'esquiver ou nous laisser blesser.

Le frappeur utilise ses compétences et sa

force pour renvoyer la négativité d'où elle est

venue.

Quand les autres essaient de te faire du mal,

n'hésite pas. Renvoie-le !

13.3. Tristesse, découragement, dépression

13.3.1. Le comptable

Le comptable travaille avec les faits.

Ils additionnent tranquillement et froidement

les chiffres et nous informent de leurs calculs.

Ils ne sont ni heureux si nous sommes

créditeurs, ni tristes si nous sommes débiteurs.

Garder une distance émotionnelle par rapport

à une situation "chaude" permet de l'évaluer et

de l'analyser.

On voit clairement à travers les eaux calmes.

13.3.2. Le nudiste

Le nudiste représente un état de vulnérabilité
totale.

Dans la plupart des situations de conflit, la
réaction habituelle est soit de se défendre, soit de
(contre) attaquer l'autre.

Le nudiste ne fait ni l'un ni l'autre. Il accepte
toutes les réactions comme des informations
intéressantes et potentiellement utiles.

13.3.3. Mécanicien automobile

Lorsqu'il évalue l'état de votre voiture, le mécanicien (honnête) n'a qu'une seule question fondamentale en tête : Qu'est-ce qui ne fonctionne pas comme il le devrait ?

Ils noteront ce qui doit absolument être changé ou réparé, ce qui gagnerait à être vu mais peut attendre, ce qui devra bientôt être traité et ce qui est correct.

Lorsque nous ne fonctionnons pas comme nous le devrions, obtenir un retour honnête de la part des personnes en qui nous avons confiance est la première étape du processus de guérison.

13.4. Culpabilité

13.4.1. Le juge

Le juge est un évaluateur impartial.

Leur tâche consiste à enquêter sur les faits et

à décider de l'opportunité d'un acte ou d'une

action et de la répercussion ou conséquence la

plus raisonnable par rapport aux lois ou règles

applicables.

La justice peut être aveugle, mais elle ne doit

pas être sans cœur.

13.4.2. L'évaluateur de pertes

L'expert en sinistres calcule la valeur de ce
qui a été perdu, volé, endommagé ou détruit.
Cela doit se traduire par un moyen de
restaurer ou de remplacer ce qui n'est plus
fonctionnel ou disponible.
L'indemnisation pour couvrir une perte doit
être jugée sur la base unique de la façon dont
chaque partie a souffert.

13.5. Satisfaction

13.5.1. L'homme dans le miroir

L'homme dans le miroir est le reflet honnête de la personne qui se tient devant lui.

C'est seulement en acceptant ce point de vue qu'une personne peut voir qui elle est vraiment.

Qu'ils aiment ou n'aiment pas ce qu'ils voient, c'est la vérité - comment ils sont, ce qu'ils pensent, ce qu'ils ressentent.

Tant que vous ne choisirez pas de vous voir tel que vous êtes vraiment, vous ne pourrez pas vous améliorer, vous corriger ou vous guérir.

13.6. Affaires non terminées

13.6.1. Le rédacteur de la lettre

L'auteur de la lettre prend le temps de communiquer au plus haut niveau.

Ils prennent le temps de plonger dans les profondeurs de leurs sentiments les plus intimes.

Ils prennent le temps de choisir le support le plus approprié pour partager leur message.

Ils prennent le temps de formuler leurs idées de la manière la plus claire et la plus complète possible.

Ils prennent le temps de choisir le moyen le plus sûr et le plus efficace pour transmettre ce document.

13.7. Distance, désintérêt, neutralité ou rien du tout

13.7.1. L'agent de circulation

L'agent de la circulation dirige les autres vers leurs trajectoires.

Ils restent statiques, ne bougeant que lorsque cela est nécessaire.

Le reste du monde est actif, bruyant, en progrès.

Le moment de rejoindre l'agitation de la vie quotidienne viendra.

Mais ce n'est pas maintenant.

13.7.2. L'aérostier

L'aérostier s'élève dans les airs.

Il peut y avoir des guerres, des révoltes, des

grèves ou des soulèvements.

L'aérostier s'élève dans les airs.

Il peut y avoir des raz-de-marée, des

incendies de forêt, des avalanches ou des

tremblements de terre.

L'aérostier s'élève dans les airs.

Il y a des moments dans notre vie où s'élever

au-dessus d'une situation - pour avoir une vue

plus haute, plus complète, dépassionnée - peut

nous donner la perspective dont nous avons

besoin.

13.7.3. L'abdicateur

L'abdicateur est celui qui abandonne.

Abandonner n'est pas un acte très apprécié

dans notre société moderne.

Cependant, être capable de libérer nos

investissements - financiers, temps et ego –

dans certains projets et relations, est parfois

nécessaire.

Celui qui se bat et s'enfuit, vit pour se battre

un autre jour.

13.8. Acceptation, compassion, paix spirituelle

13.8.1. L'enfant-fleur

L'enfant fleuri vit dans un monde magique
d'amour, de rires et de lumière.

Il peut et doit s'agir d'un espace de partage et
de soutien.

Les clés de ce royaume kaléidoscopique sont
toujours entre vos mains.

Faites-vous confiance pour ouvrir la porte de
ce royaume arc-en-ciel, entrez dans ce pays des
merveilles chaleureux et accueillant, et déployez
votre fleur parfumée.

13.8.2. Acceptation

L'acceptation est l'état ultime.

C'est bien parce que c'est le cas.

C'est la félicité dans le blizzard, la sérénité

dans la tempête, le calme dans la crise.

C'est bien parce que c'est le cas.

14. Réflexion finale

Cher(e) lecteur(e), j'espère que ce travail vous a apporté quelque chose de précieux, dans ce qui pourrait être un moment de détresse.

Je comprends à quel point une perte importante peut vous affecter, vous, vos proches et vos relations avec ces personnes et le monde en général.

Je vous le répète, soyez gentil avec vous-même et avec ceux que vous côtoyez.

Avec mes pensées les plus aimables

Gary Edward Gedall. 21 02 2023

Autres ouvrages

de

Gary Edward Gedall

Vivre en harmonie
avec le monde réel

Vol 1

Principes fondamentaux, Famille, amis et ennemies

La série Vivre-en-harmonie-avec-le-vrai-monde vous conduira vers une manière plus harmonieuse de gérer les éléments nombreux, complexes et concurrents de votre vie quotidienne.

Ces conflits nous épuisent, nous dépriment, nous mettent en colère et nous rendent généralement malheureux et insatisfaits.

Être plus en harmonie avec soi-même apporte plus de bonheur, plus d'énergie et ouvrir la voie vers l'épanouissement personnel.

Le volume 1 couvre une introduction aux concepts de base, à notre relation avec nous-mêmes, notre-famille, (partenaire, enfants, parents, frères, sœurs et nos beaux-parents), nos amis et nos ennemis.

Vivre en harmonie

avec le monde réel

Vol 2

Travail - Paradis ou Purgatoire

C'est le deuxième livre de la série "Vivre en harmonie avec le monde réel" :

On va revoir rapidement les fondements du concept de -Vivre en harmonie avec le monde réel, d'être en harmonie, non seulement avec l'environnement extérieur, mais surtout, de vivre en harmonie avec nous-mêmes.

Nous passons la majeure partie de notre vie d'adulte au travail. Nous aurons tous des collègues, des chefs et souvent des subordonnés.

Espérons que ces personnes seront polies et professionnelles, mais certaines ne le seront pas.

Ce livre vous aidera à :

Choisir le meilleur type d'emploi pour vous.

Réfléchir combien de l'investir.

Comment à prendre un nouveau emploi.

Et à gérer des collègues, des patrons et des subalternes difficiles |

***Vivre en harmonie**

avec le monde réel*

Vol 4 Perfectionner votre parent intérieur

Livre de Base

Le système Perfecting, Our Inner Parenting est un système psychologique innovant qui nous aide à découvrir lesquelles de nos approches habituelles pour gérer les conflits intérieurs et extérieurs sont inefficaces et nous oriente vers des choix plus appropriés et fonctionnels.

Comme nous sommes tous différents et que nos vies le sont aussi, les nouvelles stratégies d'auto-parentage et d'adaptation externe sont adaptées à chaque personne.

Dans le cadre de ce concept, 48 archétypes parentaux sont proposés comme sources d'inspiration pour ceux qui cherchent à changer et à améliorer leur vie.

Il s'agit du manuel principal du système ; toutefois, il existe des volumes complémentaires à utiliser avec celui-ci ; Perfecting our Inner Parenting images et descriptions également, un livret en couleurs des 48 cartes. Ses 48 archétypes parentaux sont proposés comme source d'inspiration de changer et d'améliorer leur vie.

La lecture et la réflexion sur les messages donnés ici aideront le chercheur à intégrer et à accéder aux éléments intérieurs de l'archétype parental qu'il souhaite compléter dans ses choix disponibles.

Ainsi, il pourra développer de plus en plus de possibilités stratégiques pour réussir à surmonter les **défis internes et externes de sa vie.**

Vivre en harmonie avec le monde réel

Vol 4 Perfectionner votre parent intérieur

Cartes plus descriptions

Le système Perfecting Our Inner Parenting est un système psychologique innovant qui nous aide à découvrir lesquelles de nos approches habituelles pour gérer les conflits intérieurs et extérieurs sont inefficaces et nous oriente vers des choix plus appropriés et fonctionnels.

Comme nous sommes tous différents et que nos vies le sont aussi, les nouvelles stratégies d'auto-parentage et d'adaptation externe sont adaptées à chaque personne.

Dans le cadre de ce concept, 48 archétypes parentaux sont proposés comme sources d'inspiration pour ceux qui cherchent à changer et à améliorer leur vie.

Il s'agit d'un volume complémentaire à utiliser avec le livre d'introduction "Perfecting our Inner Parenting" et le livret du pack de 48 cartes , Il donne une description complète et une réflexion pour chacune des 48 cartes du paquet.

La lecture et la réflexion sur les messages donnés ici aideront le chercheur à intégrer et à accéder aux éléments intérieurs de l'archétype parental qu'il souhaite compléter dans ses choix disponibles.

Il développera ainsi de plus en plus de possibilités stratégiques avec lesquelles il pourra réussir à surmonter les défis internes et externes de sa vie.

Vivre en harmonie avec le monde réel

Vol 4 Perfectionner votre parent intérieur

48 Cartes,

Ce volume complémentaire sera utilisé avec le livre d'introduction intitulé "Perfecting our Inner Parenting" et le livre de 48 images et descriptions de cartes.

En regardant les images de ces cartes, nous pouvons mieux integrer les stratégies réelles et potentielles d'auto-parentage et d'adaptation externe.

La lecture et la réflexion sur les messages donnés ici aideront le chercheur à intégrer et à accéder aux éléments intérieurs de l'archétype parental qu'il souhaite pour compléter ses choix disponibles.

Ainsi, il développera de plus en plus de possibilités stratégiques pour réussir à surmonter les **défis internes et externes de la vie.**

SOUVENIR

Histoires et poèmes pour l'auto-assistance et le développement personnel basés sur les techniques de l'auto-hypnose et de l'éricksonianne.

Le crépuscule tombe, le monde se rétrécit peu à peu en un cercle de plus en plus petit à mesure que la lumière continue de diminuer. Le centre de ce monde est illuminé par un petit soleil crépitant ; les flammes dansent, et les visages rudes des personnes rassemblées là sont éclairés par le feu de leurs attentes.

Le vieil homme va commencer à parler, il va leur expliquer comment est le monde, comment il était, comment il a été créé. Il les aidera à comprendre comment les choses ont un sens, un ordre, une façon d'être.

Il clarifiera les sources du mal-être et du malheur, ce qu'est la maladie, d'où elle vient, comment la remarquer et... comment la guérir.

Pour guérir les malades, il fera appel aux forces des royaumes invisibles, peut-être chantera-t-il, certainement parlera-t-il, et parlera-t-il, et parlera-t-il.

Depuis la nuit des temps, nous nous rassemblons autour de ceux qui peuvent nous apporter les réponses à nos questions et les moyens de soulager nos souffrances.

Cette pratique n'a pas fondamentalement changé depuis les temps les plus reculés ; à chaque époque, continent et culture, nous avons trouvé et continuons de trouver ces expériences.

Dans cette tradition de guérison parmi les plus anciennes, il a réussi à associer des théories et des techniques thérapeutiques modernes à des histoires et des poèmes de la plus haute qualité.

Avec beaucoup d'humanité, de vignettes cliniques, de bon sens, et riche en humour, le lecteur est doucement transporté de situation en situation. Que les problèmes décrits vous concernent directement, indirectement ou pas du tout, vous trouverez certainement un intérêt et des bénéfices dans la richesse des éclairages et des conseils qu'il contient et dans les changements positifs, conscients ou inconscients, apportés par la lecture des histoires et des poèmes.

Les Contes de Lucien le Lutin Vol 1 :

Nouveaux Amis

Dans cet ouvrage, le premier de la série des Contes de Lucien le lutin.

Nous faisons la connaissance de Lucien, le jeune lutin innocent et honnête, et de ses amis : Elli, la fée modeste mais puissante, "beaucoup plus âgée qu'elle n'en a l'air", Timothy, le vieux crapaud digne de confiance, et le dragon de feu, toujours aussi noble.

Nous assistons à l'arrivée de Lucien dans la forêt, à sa rencontre avec les habitants de la forêt, puis à sa première rencontre avec trois créatures très différentes, qui deviendront les meilleurs amis du monde.

Raconté dans un style classique d'histoire pour enfants, Lucien et ses amis rencontrent toutes sortes de créatures et de situations.

Comme tous les enfants, Lucien est souvent confronté à des expériences qu'il ne sait pas comment gérer au mieux, et il réagit souvent d'une manière qui n'est pas la plus appropriée.

Heureusement, avec l'aide de ses bons amis, de sa bonne volonté et de son bon sens, tout finit toujours par s'arranger.

L'île de la sérénité Livre 1

L'île de la survie

Pierre-Alain James "Faron" Ferguson est sur le point de se suicider. Dans sa lettre de suicide, il tente de comprendre comment il a pu briser non seulement sa propre vie, mais aussi celle de tous ceux qui l'entourent.

Pierre-Alain James "Faron" Ferguson se trouve dans une sorte de "no man's land", entre ici et là, il doit accepter de visiter les 7 îles avant de pouvoir poursuivre sa route. Les îles s'appellent : Survie, Plaisir, Estime, Amour, Expression, Perspicacité et enfin, l'île de la Sérénité.

Les premières années :

Pierre-Alain James "Faron" Ferguson est né dans le foyer aisé d'un propriétaire d'usine, d'un père écossais et d'une mère issue d'une noble famille française.

Lui et son jeune frère Jay grandissent dans un foyer composé de deux parents distants mais investis. Déjà, les premières, petites pierres de ses futurs problèmes se mettent en place.

L'île de la survie :

Faron se retrouve sur la première des sept îles, transformé en une forme humaine préhistorique, il doit apprendre à interagir avec l'environnement local et la tribu des premiers humanoïdes.

Ici, il doit renouer avec son instinct de survie.

L'île de la sérénité Livre 2

Soleil et pluie

C'est le deuxième chapitre de l'histoire de la vie de Faron, dans lequel il tombe amoureux, devient un vrai cow-boy, entre en pension, retrouve ses deux meilleurs amis, rend visite à sa tante bizarre, va skier en Suisse et poursuit la relation qui lui apporte la plus grande joie, mais aussi la plus grande peine de toute sa vie, mais ce serait trop en dire.

L'île de la sérénité Livre 3

L'île du plaisir

Vol 1 Venise

Partie 1.

Faron se retrouve dans une version passée de Venise, en tant que propriétaire d'un vieil mais grand hôtel qui sert de lieu de rencontre entre les hommes riches de la ville et les escortes de luxe qui vivent dans l'établissement.

Faron peut faire tout ce qu'il veut sans limite ni coût. Non seulement il peut profiter des filles, mais il peut aussi manger et boire, sans limite, sans jamais souffrir d'une gueule de bois, ni prendre un gramme.

Mais pourquoi l'énigmatique guide l'a-t-il amené ici, et son accès illimité aux offres de la vie lui apportera-t-il vraiment le plaisir auquel il est destiné ?

Partie 2.

Faron est transformé en un jeune garçon manqué. Dans cette version plus moderne de Venise, "il" n'a que sept jours pour se transformer en escort-girl de luxe.

Que signifient pour lui cette expérience et les intrigues des autres personnes de sa sphère, dans sa quête permanente de compréhension et d'expérience du Plaisir ?

L'île de la sérénité Livre 4

L'île du plaisir

Vol 2 Japon

Faron se retrouve dans le mystère d'un Japon d'autrefois, dans le corps d'une jeune geisha stagiaire.

Qui est ce jeune homme triste qu'il doit aider à retrouver son plaisir de vivre ?

Pourquoi doit-il cacher l'identité de sa mère au reste du monde ?

Pourquoi l'amour de la vie de sa mère, volé par sa sœur, était-il connu de tous sous le nom de Madame Butterfly ?

Quel rôle le seigneur féodal de la région joue-t-il dans tout cela ?

Et comment Faron réussit-il enfin à trouver la clé pour redécouvrir le plaisir dans sa vie ?

L'île de la sérénité Livre 5

L'essor et la chute

Dans ce cinquième livre de la série, nous voyons Faron passer d'adolescent à jeune homme déterminé.

Il commence par s'échapper à New York, avant de commencer sa carrière universitaire, en retrouvant ses deux meilleurs amis d'école, Duncan et Mike.

Après avoir obtenu leur diplôme, les trois se retrouvent à monter une entreprise, à fabriquer, acheter et importer des marchandises d'Indonésie.

Le succès semble être au coin de la rue, mais Faron ne peut s'en empêcher. L'amertume et la trahison le poursuivent comme un chien affamé.

Détruire son propre meilleur ami n'est pas un acte à prendre à la légère, mais il le fait.

Et qu'en est-il d'Angélique, et de sa fille Aideen ?

Il est toujours impliqué émotionnellement, mais est-ce une bonne ou une très mauvaise chose ?

Seul le temps nous le dira.

L'île de la sérénité Livre 6

The Island of Esteem pt1

L'histoire du chevalier

Faron, notre anti-héros, se retrouve transporté dans le corps de Sir Lancelot, à la cour du roi Arthur.

Il est en quête de la guérison de son amour-propre, mais le chevalier, bien que noble et courageux, est aussi un être humain imparfait.

Une personne qui évite les conflits émotionnels mais qui ne peut échapper à sa passion pour Guenièvre.

Le chevalier a perdu la mémoire, il ne peut donc pas se rappeler comment et pourquoi il en est arrivé là dans son histoire.

Et qui est Al, son fidèle écuyer qui l'a aidé à dérober un sceptre magique à son supposé meilleur ami, le roi Galahaut ?

Suivez Lancelot dans son voyage romantique torturé, dans un monde d'intrigues de cour, de magie et d'héroïsme.

L'île de la sérénité Livre 7

The Island of Esteem pt2

Le Morte D'Arthur

Dans ce deuxième et dernier volume de l'Île de l'Estime, nous suivons Al, qui continue à démontrer à Faron ce que signifie être un héros.

Lancelot est toujours troublé par son incapacité passée et présente à s'imposer, dans toute autre situation que la bataille.

On comprend comment Lancelot a pu être pardonné par Guenièvre, et pourquoi Arthur a accepté de faire appel à lui pour récupérer le sceptre d'Uffington.

Et comment et pourquoi Al a choisi et réussi à le voler.

Et aussi, comment et pourquoi, il sera motivé pour le voler, non seulement une deuxième, mais aussi une troisième fois.

Nous suivons les manipulations magiques de Merlin et Morgane le Fey.

Et enfin, ce qui arrive à Lancelot et Al, avant, pendant et après la bataille finale entre Arthur et Mordred.

Aventures avec le maître

Dhargey était un enfant malade, du moins c'est ainsi que ses parents le traitaient.

Il était trop faible pour s'engager dans l'armée, travailler dans les champs ou même rejoindre le monastère en tant que moine stagiaire normal.

Pour expliquer au "jeune maître" pourquoi il devrait être accepté dans l'ordre avec un programme allégé, il a été obligé d'accompagner le vénérable vieil homme un peu plus haut dans la montagne.

Ses parents l'ont regardé partir ; quelque part, ils avaient l'impression qu'ils ne reverraient plus jamais leur garçon malade et fragile, quelque part, ils avaient totalement raison.

Il était un enfant de sept ans heureux et en bonne santé jusqu'à ce qu'il soit témoin des cavaliers, vêtus de rouge et de noir, détruisant son village et assassinant ses parents ; le traumatisme a profondément marqué sa psyché. Seule la rencontre fortuite avec un moine errant peut le remettre sur le chemin de la santé et de la sérénité.

À travers la méditation, les initiations, les récits, l'apprivoisement des chevaux sauvages, la transformation en singe, la maîtrise du bâton et de l'épée, le futur "jeune maître" se prépare à affronter son plus grand démon.

Deux hommes, deux voyages ; un seul but...